U0035681

AQUARIUS

AQUARIUS

AQUARIUS

AQUARIUS

Vision

一些人物，
一些視野，
一些觀點，
與一個全新的遠景！

35種練習，揮別婚姻地雷，找回幸福

從此，不再複製父母婚姻

黃之盈（諮商心理師）

【推薦序一】

我選擇，活出不一樣的故事

黃錦敦（諮商心理師／作家）

讀著之盈這本書稿，讓我想起自己的一段童年往事。

在我成長的年代，父母體罰孩子是非常普遍的，而我又是家中最皮的孩子，所以身上不時留著被父母招呼過的傷痕，竹子的、藤條的、皮帶的，這樣的經驗隨著我長大，沒多想，也就過去了。一直到二十幾歲進入社會福利機構工作成了「兒童保護方案」的社工時，才發現自己小時候被打的情況是符合多項「受虐指標」的，那時候的我才開始用不同的方式回溯這段小時候的經歷。

前前後後我花了幾年時間，透過大量學習關於家庭關係、受虐兒童、管教的專業知識，嘗試去理解那時候我的父母怎麼了，怎會如此愛我的父母卻這樣傷害我？而我自己又怎麼了？這樣的經驗對我的影響是什麼？這學習的過程讓我最震驚的是，文獻裡提到有一定比例的受虐者未來可能會成為施虐者，那時候的我便下定決心，我一定得把這件事情好好整理，等有一天我成為父親時，我絕對絕對不要再動手打我的孩子。

現在，我的兩個孩子，一個十五歲，一個九歲，這些年，即使我氣到不行、奪門而出，也沒有對孩子動過手。我常想，我算是對得起那個當時那個許願的自己，也對得起小時候被K過的自己，沒讓自己不要的故事，不自覺的又一代代傳下去。

其實我當了父親，我才體會到即使我很愛我的孩子，但盛怒的時候，心裡頭也常想著要狠狠揍他們一頓。原生家庭裡的劇本是如此頑固的深埋心中，讓我們帶著長大，若沒有學習辨識、修正，常會悄悄的鑽進我們的人生，造成惱人的困擾。在體罰孩子這件事情上，我之所以能跳脫原生家庭裡我不想要的劇本，其中一個很重要的原因是

我選擇，活出不一樣的故事

我認真的重新學習，讓更廣闊的觀點與知識幫助我更深入的思考，並學一些對我有用的新方法。

對我來說，之盈的這本書，就如同當年幫忙我的眾多書籍一樣，是肥沃土壤的一部分，讓人對自身所發生的事多了一種理解的可能。更珍貴的是，書中提供許多具體的方法與練習，讓人有機會透過某些方法修復過去的創傷、經營出新的關係品質，所以對於過去曾在原生家庭有受困經驗而影響現在親密關係的人，這會是一本非常具有實用價值的書。其中，我特別喜歡書裡關於「自我對話」的練習，例如以下這一段我們可以說給心裡頭受傷孩子的話語：

親愛的小孩……你是你，如此的獨特，你不用一直這麼無所依。你值得被尊重、捧在手心疼，因為你不需要理由就值得被愛、被接受。你不用將自己縮小，才能讓別人憐惜你，你也不用將自己擺得很後面，才仰望著誰會發現你。

記得你是你，別再為難自己，你最該是被好好看見，去好好展現。不用擔憂、不用懼怕，你可以成為你自己。成為自己是多麼美好的一件事情，就像這個世界上擁有這麼一個獨特的你。

當我第一次讀到這篇祝禱文時，我放下書稿，抬起頭望著遠方，心裡想像著：如果小時候那個撫著傷口哭泣且自責怎麼那麼不乖的我，可以聽到這樣的一段話語，那該會多好！

【推薦序二】

智慧與美麗的交會

徐秀婕（台北市立明德國中校長）

常常聽已婚者說，婚姻是愛情的墳墓、婚姻不只是兩個人的事，更是兩個家庭的事……這往往是在婚姻中體會、累積的感受。但婚姻其實也是一種人我關係，是自己與另一半、另一個家庭、社會互動的關係。在親密的婚姻關係中，如果能有一雙清澈明白的眼睛，能洞悉婚姻中的盲點，如果能有一顆正向同理的心，能體察伴侶之間的互動，是不是就能讓伴侶走得更順利、更長久？

處於婚姻之中者，能否在婚姻經驗中，保有這麼清澈明白的眼睛、正向同理的心？

甚至可以幫助其他的已婚者？還是在充分的專業涵養與人格特質的交融下，可以讓諮商心理師在婚姻、親子關係之間，為受困者、受苦者找到一條蜿蜒小徑，而得以柳暗花明、離苦得福？在之盈身上，我看見諮商心理師的強大能量與溫柔堅定。

之盈是專業的諮商心理師，也是本校專任輔導教師，當年以全市第一名的成績分發明德國中，成為親師生倚重的正向能量。這幾年來，校園裡有之盈老師，是件無比幸福的事情。學校中的專任輔導教師必須處理二、三級輔導個案，然而許多個案背後，往往隱藏著一個高風險家庭，一個可能有破碎之虞的婚姻，或是一份沒有結局的感情。這些個案的苦與憂，在之盈老師的抽絲剝繭、悉心陪伴下，漸漸的得到理解與曙光。

專任輔導教師的角色很難，但之盈恰如其分的詮釋了這個角色。輔導工作的難處，常常在於「立竿無法見影」，因為輔導是一種助人工作，既然是處理人的需求、人的問題，就很難有既定的邏輯。之盈總是以一貫的笑容、明亮清澈的眼睛，用心去看見每一個在校園生活中與她相遇的有緣人，以自己諮商心理師的專業，運用諮商輔導的策略，幫助親師生撥開迷霧，找到幸福。

我想，這樣的功力，源自於諮商心理師的專業養成與不斷精進的實務經驗。之盈畢業自國立高雄師範大學輔導與諮商研究所，學有專精，不在話下，之盈也是樂於進

【推薦序二】

智慧與美麗的交會

修、樂於分享的終身學習者，在工作之餘，經常主動參加研習，精進自己的專業，更願意主動關懷需要的人、為人服務，善聆聽、善提問、善溝通，也在一次次的諮商歷程中，找到更多助人機會。

前幾天，在我公開授課的課堂裡，之盈不僅敏銳的觀察到孩子的細微表情，也與我討論起學習怯懦的孩子們的互動方式。在這種專業對話裡，我享受著之盈用心、用愛散放的智慧與美麗。

感謝寶瓶文化出版了之盈的這本好書——《從此，不再複製父母婚姻——35種練習，揮別婚姻地雷，找回幸福》。我一直深信，諮商輔導工作不僅在於治療，更在預防。閱讀完全書之後，我看見當我們能透過自己與自己的對話，透過自己與他人的關係建立，生命更能找到光亮的出口。謝謝之盈的慷慨分享，謝謝上天給予之盈如此的智慧與美麗，於此結緣、在此交會。願這本書，成就更多幸福家庭。

Contents

目錄

從此，不再複製
父母婚姻

35種練習，揮別婚姻地雷，找回幸福

Contents

目錄

【附錄】關係增進卡精華版

Part1 親愛的，我們明明如此相愛，為什麼結了婚，卻吵不停？

一、壓抑型

婆婆是我和先生之間的小三

聲東擊西、意有所指的說話方式，在我們華人社會非常常見。

她是一個任勞任怨的好媳婦。她和先生結婚將近二十年，可是就在這幾年，她的身體狀況急轉直下，讓先生非常著急。

在一次暈倒後，到醫院檢查，意外發現她罹患紅斑性狼瘡，這是一種自體免疫系統所引起的風濕疾病，免疫系統會不斷地攻擊自己的細胞。其實先生心知肚明，為什麼太太會得這種病。

「好了，好了，這都別做了，你休息吧。」他溫柔地對太太說。

太太剛與他結婚的時候，婆婆就對她非常反感，態度更是反反覆覆、不斷挑剔。她常常因為聽不懂婆婆「意有所指」的話而感到要崩潰。而先生只能勸太太忍耐，沒想到如今卻忍出了病痛。

其實還不只是婆婆，連公公也不太尊重他們。好幾次，門都不敲就突然闖進他們房間。太太一開始會抱怨，但眼看先生也無可奈何，她也只好一再忍下。

她來自一個軍人家庭，她傳承了軍人世家「吃苦就是吃補」的信念，將高壓的處境當成一種人生的挑戰，面對公婆的意有所指和不尊重，耿直的她照單全收，如今卻賠上了自己的健康。

諮商心理師這樣說：

「**最親的人給予不一致的訊息，足足可以把人逼瘋。**」她所遇到的婆家狀況，時有所聞，而她也認為「努力就可以改變現況」。但她所面臨的挑戰是，她面對的婆家，並不是用原生家庭所教給她的處理方式，就能安然過關，尤其是與她溝通時態度常反反覆覆的婆婆。

如果長輩給晚輩的訊息複雜度太高，或總是雙重訊息，讓晚輩無法辨識時，晚輩通常會採取以下的方式來應對，一、選擇迎合；二、保持距離；三、充耳不聞。

「意在言外」，讓人猜得好累

這種聲東擊西、意有所指的說話方式，在我們華人社會中非常常見。例如：長輩跟你提起，「你的二叔很孝順，你看看他，又會念書，又會賺獎學金，從來都沒有讓我煩惱過。」可能長輩在說這句話的同時，也在暗示你，唯有「會念書，又賺獎學金，又不讓大人操煩」這樣的孩子才是大人認可的好孩子，並希望你也這樣做。

又或是：「表面罵弟弟，其實是罵給爸爸聽，希望爸爸參與。」「要求哥哥要乖，其實也是要求妹妹。」「暗示隔壁鄰居有多體貼，其實是希望老公體貼。」

這些意有所指也許是希望整個家庭能夠更和睦，往大家都更好的方向前進，但這可能也會造成家庭溝通的阻礙。

例如當媽媽說：「你都不用幫我，我可以自己來。」言下之意隱含的是，「你得幫我，且幫到我的標準為止，不然我永遠都不滿意。」

當長輩說：「你去做自己的事吧！不用管我。」但實際上又常抱怨都沒家人在家裡陪他，因為他心裡的真正意思是：「你怎麼這麼不孝，理我一下，有這麼難嗎？」

當婆婆跟媳婦說：「你先去休息吧！」背後卻說：「我兒子真娶了傻媳婦，叫她休息，還真的休息。」

當病弱的父親說：「走開，我不需要任何人。」的時候，但在下意識，你知道「這時他非常需要你」。

當母親說：「我不需要你給我任何交代，我不想逼你。」言下之意是「你應該要主動給我交代清楚！」

對方渴求的是，你的關注

面對這種「明示、暗示投注希望，卻又在被戳破的同時，否認並跟你說，我沒有要你這樣做啊！」的時候，孩子常會感到混亂。**這種模稜兩可的反向訊息，讓我們感到混亂，以至於動彈不得。在家族治療上，稱這樣的情形為「雙重束縛」。這在華人文化中，尤其親子之間常會出現。**

同樣的話，包括「你都不用給我消息，沒關係。」其實是「記得，到哪裡都要給我消息。」再例如「我幹嘛要聽你的？」其實是「難道你看不出來，我在講反話嗎？」

這些錯綜複雜的訊息，雖然彰顯我們文化的一部分，但這是情感的羞於表達（覺得不好說、不方便說），所以間接地給予相反的訊息；想要讓對方猜心，「希望別人就是自己肚裡的蛔蟲」的需求非常強烈。

這種類似「我都不用說，你就好懂我」的劇情，真正渴求的是對方的關注與在乎。但這樣的表達方式，反而會將對方推得更遠，以及製造出不必要的誤會與困擾。

擺脫父母婚姻關係的練習：

故事中的太太，她婚後的家庭關係牽扯到幾個層面：第一，她得面對她在原生家庭所習慣的應對方式，其實對現況並沒有幫助；二，必須學習辨識出家庭中，尤其是婆婆給予的雙重訊息；三，面對家中界線不明而老公無能為力的困境。

當她希冀丈夫是家中的一分子，能夠為她出面的時候，她先生卻總是希望息事寧人，長期積累下來，她的身體終究會支撐不住。

撕下你身上的負向標籤

在親密關係或者家庭關係中，「一，辨識出『雙重訊息』」是非常重要的。二，你要記得自己有機會可以擺脫，或者重新選擇。三，則是要認清自己的限制，這樣才有機會鬆綁。

很多人面對雙重訊息時會痛苦掙扎，原因在於，雙重訊息挑戰著「他們是不是不夠聰明？」「是不是表現得不夠好？」這些負向的標籤。這些負向標籤得由你自己撕下來，你也得自我肯定，當你聽不懂言下之意，被認為很笨的同時，被挑戰到的是自己的自尊心？自信心？還是挑戰到你對自己的認同感？

你終究要認清一件事情，你不是任何人肚子裡的蛔蟲，聽不懂是正常的，不要太過苛責。另外，也**需要劃清與對方的界線，並釐清哪些是過度的苛責，哪些是你該做的**，這樣才能讓自己有機會輕鬆。

照顧自己的感受與設限練習

步驟一：試想一個讓你困擾的對象，可能是過度干涉你的生活，要你按照他的話去做，或者讓你感到強勢、不敢拒絕的家人。

步驟二：請在三分鐘內寫下，對於拒絕他，你的所有焦慮和困難。

1.

2.

3.

4.

5.

步驟三：重新檢視這些想法合理嗎？哪些想法讓你感到過度負荷，回想起來很不舒服，甚至是讓你認為自己不夠好。

步驟四：當你被挑戰的時候，其實是你掙扎在是否要尊重自己感覺的時候。**請你在此時照顧自己的真實感受**，告訴自己「沒做到，不會怎麼樣！」「沒達成，不代表我是笨蛋。」「我無須忍受這些。」「告訴對方：『你沒辦法影響我。』」「沒做到，不代表我是差勁的。」「人是有極限的，我們都是。」**如果**

你覺得很困難，請你挑一句，每天跟自己說。

當你開始可以義正詞嚴地跟自己說這些的時候，你已經在心理劃出一些界線，不被外界侵擾的界線。

當你可以說出這些話的時候，你已經慢慢走在學習著照顧好自己的路上。

二、唱衰型

先生對孩子說：「你以後離婚，別太驚訝。」

你父母常對你說：「你不應該讓爸媽感到丟臉。」「你不應該……」嗎？

他在結束上次的婚姻之後，開始認為自己是個失敗的男人，他在別人面前也常常感到沒面子。「離婚」兩個字，是他人生目前最大的污點。

他已經感到萬分羞愧了，沒想到，母親還常常數落他：「你不應該離婚。我告訴你，你是不可能幸福的。」

明明他現在的第二次婚姻很美滿，太太也很愛他，但只要一聽到母親的數落，他就好像回到小時候被大人責備的自己。

他開始哀怨地對孩子說：「你如果未來也離婚了，不要太驚訝，因為你有爸爸的基因。」

他太太聽了，驚訝地立刻開口制止，「你為什麼要詛咒小孩？」

原來，長久以來，他一直想向母親證明自己，尤其是證明自己有能力經營幸福的家庭。他也很希望孩子不要受到他離婚的影響，但他常常不自覺在言語之間暗示著孩子，這不是很矛盾嗎？

他想保護家人，卻選擇用最差的方式。不但沒保護到任何人，還不斷傷害著妻子與孩子。甚至他還像他的母親般，詛咒著孩子……

諮商心理師這樣說：

在我的諮商工作中，我常常會邀請父母一起談他們家庭目前所面臨的問題。當我聽見父母總是不斷強調「我們是一個完整的家庭，我們之間從未有衝突」時，通常我就會明瞭在這樣的家庭裡長大的孩子，心理上可能會遇上許多困難。

一個人有情緒，是正常的

當父母愈是質疑「為什麼孩子會有問題」的同時，他們也往往認為，這都是孩子惹的禍。「因為孩子有問題，才害他們的家庭不完美」的錯誤歸因，讓他們致力要解決這個問題，但當他們將注意力和焦點都放在孩子的行為問題上，而孩子在混亂的情況下，卻反而容易創造出更多問題行為。

其實，**當孩子在外面表現出憤怒與衝突，大多時候是因為在家裡，很多情緒被壓抑住**，不但不准說，又無法被了解，於是變成惡性循環。

母親的回應，讓孩子憂鬱症加劇

例如，有個孩子因為罹患憂鬱症，在情緒的起伏中很痛苦，一直想自殺。我邀請父母到校後，媽媽一見面就對我說：「怎麼可能？我女兒知書達禮，又獨立，她還一個人到日本遊學。她在我眼裡就像天使一樣，我從沒看過她會情緒失控。」

我對這位媽媽說：「如同你說的，孩子從小到大都是你在帶，你最清楚她的心情，那麼，當她遇到生氣或難過的事情時，她都怎麼辦？」

媽媽立刻跟我說：「我們家教這麼好。女兒從小到大，我都還沒見過她生氣呢！」

可以看得出來，這位媽媽對於孩子的情緒處理是消音、阻止、不能說的，但孩子在成長過程裡，不可能沒有失望、難過、生氣的時候，而**當母親對這些心情視而不見或忽略了，孩子也就無法學習到正確面對情緒的方法**。

事實上，這位母親處理情緒的方式，才是讓自己的孩子憂鬱症加劇的主因。

擺脫父母婚姻關係的練習：

每個家庭都有自己一套獨特的情緒哲學，我們能否察覺哪些是有傷害的，哪些是不適用的，又有哪些是可以重新選擇的呢？

※你的家庭中有「你不應該……」嗎？

例如：「你不應該讓爸媽感到丟臉。」「你不應該不體貼。」「你不應該有情緒。」「你不應該為自己想。」「你不應該享受」等等。

當我們長大了，**依循著這些「不應該」，我們的內心成為一個酷吏，不但以**

此要求著自己，也會去要求我們結婚的對象。

※你的家庭有「你不可能……」嗎？

例如：「你不可能超越我。」「你不可能獨立。」「你不可能沒有我們還能過得好。」「你不可能幸福。」等等。

這些用很篤定的語氣說出來的話，聽起來都像是詛咒，會讓我們對自己感到自卑，覺得自己不值得。

※你的家庭有「你不可以……」嗎？

例如：「你不可以不孝。」「你不可以頂嘴。」「你不可以背叛家人。」「你不可以跟別人說家裡的事。」「你不可以快樂。」等等。

這些都可能為孩子帶來限制和僵化的生活型態，甚至是阻礙孩子的未來。

你家中的情緒哲學是什麼呢？

你們家的「不應該」有哪些？＿＿＿＿＿＿＿＿。

你們家的「不可能」有哪些？＿＿＿＿＿＿＿＿。

你們家的「不可以」又有哪些？＿＿＿＿＿＿＿＿。

你怎麼面對這些情境？（順從、叛離、不認同、打岔、講笑話、認同……）＿＿＿＿＿＿＿＿。

現在的你已經長大了，請你對前面的每一個問題進行思考。在每一句話前面寫上「誰說」，例如：「誰說你不可以不孝？」「誰說你不可以快樂？」「誰說你不應該為自己想？」**好好想一想這幾句話，並想想看你可以調整的做法。**

若你想要重塑自己的家庭氣氛，唯有「讓過去停留在過去」，畢竟**現在已經長大的你，不但可以與過去和解，更有力量去擁抱小時候受傷的自己，加以撫慰，以及去試著諒解當年對你說這些話，讓你心裡受傷或痛苦的大人。**

請在以下的框框裡，寫上你期望的家庭氣氛，以及你可以的選擇是什麼，並且和你的另一半分享。

因為，我期望＿＿＿＿＿＿＿＿＿＿。

所以，我選擇＿＿＿＿＿＿＿＿＿＿。

在我們傳統的教養觀念裡，長輩似乎很容易以「數落」來激勵孩子。他們認為孩子是不能肯定與讚美的，一讚美就可能無法更進步，但這樣的方式，卻更容易造成孩子自信心低落，以及心理上的傷害。

三、冷漠型
孩子哭不停，先生卻不去抱孩子

他不願意去愛自己的孩子。他感到自己很殘忍，但這種感覺卻又很熟悉。

「貝貝晚上都會起來哭，為什麼你就不試著抱一抱他？」她一邊擠奶，一邊叨唸先生。

「小孩不能抱，愈抱會愈依賴。你不看看他已經被你抱出什麼樣子了？」他不以為然地勸太太。

「你為什麼可以對自己的小孩這麼無情？我真是嫁錯人了！」

面對太太的控訴，他腦袋一片空白。自從孩子出生後，他確實堅持不抱小孩，但他是有理由的啊！

他從小就被母親遺棄，之後爸爸再娶了繼母，但因爸爸長年開貨車為生，他總是長時間獨自和繼母在家。大家都說他不是個好帶的孩子，因為情緒常常起伏不定。

所以他一直覺得自己是多餘的，除了怨懟爸爸不在身邊，媽媽不夠愛他，奶奶認為他是拖油瓶，他還得努力去拆穿人前說一套，人後做一套的繼母慣用的伎倆，但卻沒有人要相信他。

他忍不住要抗議世界對他太不公平。父親明明就帶回來一個繼母刁難他，他們大人卻都裝作若無其事。

他沒有親密關係的樣板，只覺得自己不再值得被愛、被信任，可這一回，他看見的是，他因此也不願意去愛他的孩子。他感到自己很殘忍，但這種感覺卻又很熟悉。**每一次，當他要對小孩好的時候，「不要再對外界有期望，你只會受傷而已！」這句話就擋在他面前**，像個警示的喪鐘，他一次一次地被那句「別傻了」，提醒著自己過去的傷口並沒有癒合，他還是那個不值得被愛的小孩。

他告訴自己，「你不要讓你的小孩對你有期望，因為你可能會讓他受傷，寧可對他殘忍，也千萬別心軟……」

或許在他心底深處，他也沒有信心，自己能當個好父親。

諮商心理師這樣說：

劉若瑪在《劉若瑪的三十六堂表演課》一書裡，曾說：「去了解自己的家，就像是農人認識自己的土地一樣，我們必須找到自己的空間。」「當你擁有自己的空間，才有力量。」

但他對於自己的家，只有簡單的印象，並沒有實質且深刻的認識。他甚至不敢看自己被怎麼對待，畢竟看了會痛，他得保護自己。

對他來說，他延續了「被母親遺棄後，在關係中感受到的拒絕感」。縱使父親娶了繼母，但並沒有與繼母好好經營家庭關係，導致身為孩子的他，長年感受到自己被忽略且顯得多餘。

他從不相信自己值得被愛、被喜歡。他討厭自己，更不覺得有人會欣賞他、了解他。因為，小時候，**當他驚惶恐懼的時候，他起初告訴自己說：「我好怕，沒人會保護我。」**

到後來他開始自責：「我一定做錯了什麼，導致他們討厭我。」等時間一拉長，更慢慢演變成，「你看，即便我們沒做什麼，都會被排除在外，我們乾脆不要想著自己是他們的一分子，就不會受傷。」

親密關係中的局外人

「降低在關係中的期望」變成他的求生之道。他想著自己再怎麼樣都無法擺脫這樣的命運，所以乾脆拒絕被命運擺布。當他已經習慣將自己排除在外的時候，就無法體會身在其中的感受。

這些拒絕自己、認為自己不夠好的聲音，常常會把他變成親密關係中的局外人。

在他的成長過程中，大多是被負面的對待，導致他常常跟自己說：「沒有用的。」「你看，又來了吧！」當這些信念集結起來，就變成他看待自己的方式。

「海綿效應」是指孩子就像海綿一般，當父母在教養他時的心情是什麼，他就容易吸收到這樣的氣氛和感受。如果父母是焦慮的，那他對於焦慮就特別敏感；如果父母是挫折的，那他也很容易感受到挫折，這是下意識的行動。

就像他常覺得自己被排除在外，雖然家中沒有一個人會說他是多餘的，但如果在言談舉止之間，都一再一再地表達他只會製造大家的麻煩，那麼他也會在心裡覺得自己是多餘的、不受歡迎的，沒有人想要跟他在一起的……

擺脫父母婚姻關係的練習：

在親密關係中，難免會有爭執和衝突。想一想，在你們衝突的第一時間，你往往是怎麼想的？若有以下的狀況，請勾選出來。

□ 1. 他遲早會丟下我的。
□ 2. 我怎樣對他來說似乎都沒那麼重要。
□ 3. 他只在乎他的事情。
□ 4. 他不是這麼在乎我。
□ 5. 我永遠做得都不夠好。
□ 6. 我對他沒有影響力。
□ 7. 他會報復我。
□ 8. 我對他來說沒什麼吸引力。
□ 9. 我害怕他對我煩了、膩了。
□ 10. 他應該要以我為主。
□ 11. 他應該要先哄我。
□ 12. 他應該要知道我在氣什麼。

□13.他應該要給我一個交代。
□14.他總自以為是、高高在上。
□15.他一定是吃錯藥，才敢對我大小聲。
□16.別理他，等他忘記就會好了。
□17.他憑什麼這樣對我。
□18.我不想甩他。
□19.等他來道歉。
□20.給我一個理由。

如果你勾選1至9題，表示你在彼此的關係中，是比較沒自信的那一位。你可能常常貶低自己或討好對方，也因為對自己的不夠自信，常常會將自己的需求擺後面。

若勾選10至13題，表示你在親密關係中，擁有不理性的執念。對你來說，親密關係中有許多「應該要……」和「必須怎樣……」的信念，這些信念往往容易綑綁住你，讓你在親密關係中變得沒有彈性。

若是14至20題，表示你常覺得是「對方的錯」，也因此你常想給對方時間想一想，或者對於衝突感到煩悶，想要迴避。

現在的我們，來自過往

當你感受到威脅、被拒絕的時候，你會跟自己說什麼，這都跟你過去被對待的方式有關，也跟你怎麼跟對方溝通有關。尤其，跟過去你怎麼處理威脅，怎麼跟自己的內在小孩對話有關。

在孩提時代，我們的內在還很稚嫩幼小，對於外界的威脅感到驚嚇，擔心恐懼會被排除、被欺侮，再無歸屬感。你是怎麼跟你的內在小孩說話？是告訴他「你慘了！」「死定了！」「不要怕！」「沒關係！」？還是「等一下」「再觀察一下」？

當你面對親密關係時，這樣的模式馬上就會跑出來，例如：「慘了，你要被丟掉了！」（先打預防針）、「就說，你會被拒絕吧！」（說風涼話）、「是他的錯，你不要自責。」

檢視上面你勾選的題目，想一想你遇到威脅的時候，你如何跟內在小孩對話？

親愛的小孩，當我遇到威脅的時候，我會對你說：＿＿＿＿＿＿＿＿

＿＿＿＿＿＿＿＿＿＿＿＿＿＿。

當我們長大，有機會變成自己的父母，所以**如果要擺脫父母婚姻關係，得由自己做起**。如果要改寫你與過往父母的關係，現階段的你，想跟內在小孩怎麼說呢？

親愛的小孩，現在的我已經長大了，當我現階段遇到威脅的時候，我決定對你說：＿＿＿＿＿＿＿＿＿＿＿＿。

四、依賴型

就是要全家都在一起，才是愛啊！

她覺得全家人在一起的感覺很棒，至於家人沒有考慮到她的需求，沒有關係啊！

「為什麼你今天又不回來吃飯了？」自從跟先生結婚以來，只要先生晚歸或因為加班又不回來吃晚餐，她就感到非常不滿。

「老婆，我不是故意的。廠區又有狀況了，我得留下來。明天，明天我一定回家吃。」他一邊哄老婆，一邊又提出承諾。

他是忙碌的工程師，身為小主管的他，只要廠區出問題，他必定要陪同事一起留下處理。

「咔！」她用力掛上電話。

她將自己的注意力完全放在先生身上，先生的一舉一動都能影響她的心情。先生常常覺得喘不過氣，卻不敢拒絕，因為他知道太太很需要他的陪伴。只不過這樣的緊迫盯人和過度期望，他已經不知道要怎麼跟太太相處。

在她長大的家庭裡，全家人總是一起活動。好像唯有「全家人一起行動」，才是對這個家有向心力。如果有家人不這麼做，背上就彷彿背了一個十字架，會被家人冷落、批評與討厭。所以她小時候如果放學後到同學家，她常常待沒多久就急著回家，因為她知道家人不喜歡她在外面逗留太久。其實她對於自己家人的相處狀況，也不是沒覺得困惑，但她漸漸覺得全家人在一起的感覺很棒，她自己的需求不算什麼，她要當個不讓大人煩惱的乖小孩。

只是，「乖小孩」這個詞的代價太沉重。成年的她，開始有交往對象，但每個與她交往的對象都被她的依賴推得遠遠的，可是她又無法停止想談戀愛的心，但只要一談戀愛，她就覺得自己變得好渺小，必須要依恃著另一半才能存活，但愈是依賴，對方就愈想逃離。

她曾經也想更獨立，只是，她太習慣緊緊相連，就像她在家裡感受到的一樣。她將目光完全落在另一半身上。**她無法讓他們「做自己」，就像她的家人對**

待她的那樣。

諮商心理師這樣說：

岡田尊司在《母親這種病》這本書裡寫著：「有的人雖然離開了父母，卻一直渴求一個能替代父母的人。」上述文中的她，雖然認為家人之間緊緊相連也頗具壓力，但卻在下意識中，不由得開始掌控另一半，因為她想要找回那種緊緊相連的感覺。

她不斷談戀愛，渴望能夠有個屬於自己的戀情，帶她離開這個家，可是她卻無法真正離家。因為她想要把現在結了婚的家，重新「裝潢」成舊家的樣子。而那是因為，**那些讓你感到矛盾的人，一方面你想脫離他，卻又難以讓你放下，是因為他們提供了一種你熟悉的感受，即便那是負面的，你都能感受到某種安撫。**

這種負面安撫，讓一個人像上癮一般，在你好不容易脫離了家庭的氣氛和緊迫盯人的黏膩習慣之後，又會把你拉回去。

渴望自由，卻一輩子無法真正自由

就像一個渴望自由的女子，她可能一輩子都無法真正自由，因為她習慣了被像大男人型的男子掌控。這種掌控可能在不同層面彰顯，例如被限制不准花錢、不准出門、不能跟其他男人聊天，或被限制穿著打扮。她一方面恨他管，卻又愛他管。

說不定，在她內心深處早就無意識的尋找，並認同「有阻礙，才有愛」。所以「渴望逃脫」的願望，永遠只能停留在許願階段，因為「沒有牢籠，就不習慣」。當我們決定要飛，卻因為長久沒有使用翅膀，而翅膀早已萎縮，撐不起自己的身體，或者，我們早已遺忘翅膀就在自己身上。

這對翅膀，象徵著孩子的自主。而「孩子的自主」是在孩子對父母的依賴期結束後發生。此時，**若父母意識到孩子的自主似乎威脅到父母的權力，父母就容易強化孩子的依賴**。這種「下意識的害怕」，就像「幫孩子的自主纏了足」，限制孩子走得遠、跑得快，限制他們自主的需求，讓自主的需求慢慢萎縮，甚至夭折。

而孩子也在這個過程裡，學習到「當自己維持依賴時，父母就會滿足」，於是在親密關係中顯得更加依賴。這種關係常常不允許自己獨活，更不允許對方做自己。

擺脫父母婚姻關係的練習：

我們在尋找伴侶的時候，常常是「拿著舊劇本，希望對方能夠有創意的自由發揮，卻不准對方更改劇本太多」的矛盾心情。這種感覺就像舊瓶裝新酒一般，我們愛舊酒的原汁原味，卻又渴望能從舊瓶中喝到新酒的新鮮感。如果偶一為之可以，但長期下來，離我們的習慣太遠，又希望可以保有過去的習慣，結果就是難以脫身。其實，我們沒有一定要改變這個舊瓶，只是希望不要被拖住，而影響了現在的關係。

有些人習慣依賴，有些人習慣刺激，有些人習慣節儉，這些習慣可能會變成我們的價值觀，也可能變成我們人生牢不可破的信念之一。

當我們開始不喜歡了，或者發現更合適的生活方式，就渴望能夠修改，卻沒有其他範例可以參考。所以，我們可以先思考，你為什麼不喜歡舊的版本？你覺得舊版本有什麼不適合的地方。

一、**你繼承了原生家庭裡的哪些習慣或家庭氣氛？**（以文中的太太為例，她繼承了家人之間的緊密相連，不允許發展獨立性。）

二、**原生家庭裡的習慣或氣氛可能帶給你現在的親密關係什麼困擾？**（以文中的太太為例，她的依賴可能造成她對先生的失望。）

三、**你喜歡這樣的自己嗎？你會選擇原生家庭裡的某些習慣或氣氛，是覺得自己哪個部分需要被安頓嗎？**（以文中的太太為例，她不太喜歡被先生排拒，但這是因為她沒有安全感。）

四、**這些需要被安頓的部分，哪些需要被理解？**（文中的太太心中有個沒有被安頓，事事以別人為先，常將別人的期望放在自己前頭的小女孩。只要沒有了別人，她就會慌張，而這些是童年將家人緊緊相連的故事。）

五、**現在你已經長大了，你更了解你的伴侶和你可以發展出你們都喜歡的關係，你想做點什麼改變？**

家庭故事是種傳承，我們都是故事的繼承人，我們傳承了過去的文化、家庭氣氛、規則和期待。

有了傳承，我們有了文化代代相傳的動力，但傳承是會演化的，我們可以想一想，我們想要自己的孩子活成什麼樣子。**修改傳承不是挑剔或指責過去，而是**

從此，不再
複製父母婚姻

35種練習，揮別婚姻地雷，找回幸福

更具開創性、有彈性的拉開視野的詢問：「不只是我們這一代的關係，而是我們想要下一代繼承我們的什麼。」

附註：至於特別乖、特別聽話的孩子，內心受的傷常常特別重，因為他們常常忽視自己內心的需求，而以大人的要求為主。**請找個自己信任的人，訴說當年你是聽話的孩子時，你心裡的感受，或許是委屈、傷心……**

五、受虐型
太太只因一點小事，就大罵孩子

她想動手打孩子，但浮現在她腦海裡的是，「你看，多糟糕，你跟你媽一個樣。」

「今天老師又打電話來說你在學校捉弄同學，這是第幾次了？今晚你不准吃飯。」她氣急敗壞地對著八年級的兒子大吼。

「是又怎樣了啦！」先生看著兒子一臉委屈，甩頭進房間，趕緊開口。

「我告訴你，我已經對他很好了。如果是我爸媽，早把我打到殘廢。我才唸他幾句，他是什麼態度啊？」

浮現在她腦袋裡的場景，是回到小時候，她做錯事被罰跪，她雖然主動認錯，卻仍然被媽媽拿衣架打個半死，打到衣架都裂了。

其實，在她的腦海裡，曾經有多次閃過要動手打孩子的念頭，但每次這樣一想，就都有十足的罪惡感。

有幾次，她甚至要去拿棍子，但浮現在腦海的卻是，「你看，你多糟糕，跟你媽一個樣。」她回頭甩了兒子一巴掌，然後轉身回房間痛哭。

她覺得這場惡夢從來沒有停過。她從小就告訴自己，不要像她媽媽這麼歇斯底里。當年為了還爸爸欠下的賭債，媽媽能喝個爛醉；又因為爸爸對家庭的忽視，媽媽總抱著他們大哭，說要自殺，但馬上又將怒氣轉移到他們身上。

她回想起那些畫面，讓她從小就對婚姻充滿渴望，她希望能擁有自己的家庭，她要對先生好，對小孩好，她希望能阻斷這些惡夢。可是，這個夢，從結婚後，就開始離她愈來愈遠。

她從兒子憤怒的臉上，看見她自己。她不想聽兒子解釋，她看見自己逐漸變成母親的模樣，她不能接受，可是她卻逃脫不出這個迴圈。

諮商心理師這樣說：

她的狀況，在很多從小受虐的孩子身上非常常見。當一個孩子從小被虐待或

目睹他人被虐待，孩子可能會有幾個決定：一、我以後都不要結婚。二、結婚好可怕，只要活在當下就好。三、我要趕快結婚，組織自己的家庭。四、雖然進入親密關係，但是對婚姻或感情的信任度，期望很低。

休士頓拜勒醫學院布魯斯D・培里醫師（Bruce D.Perry），曾經描述過「虐待不但會影響兒童的腦部，還會改變他們神經傳導系統對壓力的反應」。這些兒童對於危險非常敏感，他們只要嗅到凝重的氣氛、感受到威脅，身體就會出現緊張、焦慮的變化。而「恐懼」和「焦慮」，正是受虐兒阻絕危險的生存之道。

這些孩子對於危險非常的敏銳，只要出現一丁點的威脅，他們就會啟動緊張的防衛機制，而他們焦慮的追蹤器，也隨時搜尋著「可能代表攻擊」的風吹草動。**他們隨時預防虐待的來臨，但卻在虐待來臨之前，已經在心裡預演被虐待的場景**。

矛盾的十字路口

他們渴望平淡，但又覺得平淡的生活可能讓他們感到無趣。在這個矛盾的十字路口，他們變得驚慌，然後又透過也許是控制、緊抓、不在乎、扮小丑、不斷打岔、乖小孩、生病，或是到處惹事，成為十足的壞蛋來平衡這個緊張氣氛。

當我們期待自己有新的開始時，一方面又擔憂著會不會再所遇非人，所以當他們遇到挫折的時候，就容易更緊張，他們會運用生存之道來防禦，這些生存之道可能是：一、誇大別人對自己的傷害；二、無視別人對自己界線的侵擾；三、想著怎麼戰鬥，但是這些都會讓自己的生命更疲累。

他們應該要想著，每個人都會遇到生活中的危機，更正確來說，危機是每個人在每個階段，每個時期都會遇見的。我們可以透過轉化危機的「經驗」，讓自己更加成長，也更加成熟。

但對於受虐者來說，容易因為恐懼和焦慮就將傷害先擴大，以預防會遇見更大的傷害。

讓挫折維持原有的大小

只是，當他們擴大傷害的同時，本來以為自己更有能力去克服，但卻可能反噬到自己，造成自己心裡的小孩更受驚嚇，更加無助，甚至是更失去彈性，以為求助無門。

請記得，我們不要再自己嚇自己了，當我們用「十歲的經驗」去面對「三十五歲的婚姻危機」，或者用十歲的經驗去面對四十五歲的自己和小孩的衝突時，我們都忘記自己已經長大了。

既然我們已經長大，我們可以對自己更有信心，所以請試著去練習「讓挫折維持原有的大小就好」這件事。

上述個案裡的她，當她處罰孩子時，看見孩子驚恐的臉，那不就像是她當年面對歇斯底里的媽媽時，內心的驚恐？我相信，現在的她，一方面好熟悉這張臉，一方面卻也看見當年自己有多麼渴求擺脫父母的那份心，而這份**覺察**，**就是她能停止折磨孩子與自己的第一步**。

擺脫父母婚姻關係的練習：

我們大多數人溝通的方式，百分之七是依據說話的內容，百分之五十五是依據臉部表情和肢體語言，而百分之三十八是依據語調和說話的快慢。由此可見，非語言的訊息不但比口語的訊息快得多，而且還大量地被對方吸收。

受虐的條件之一是「我們無法從情境中逃脫」，在情境中充分感受到不被尊重、界線被侵犯、被排拒在外的不舒服的感覺等；條件之二是「不能預期時間和強度」，我們不知道這場災難何時開始，何時會結束，我們能否躲過這場災難而倖存，我們要發展出更強大的自我，還是逃避的方法？但可以想見，無論戰鬥或逃跑，都是永無寧日，我們也無法放心地去成為自己。

步驟一：請將從小到大，你曾有過的被剝奪的感受寫下來：

1.

2.

3.

4.

步驟二：這些剝奪感對你的影響程度是幾分？（1至10分，分數愈大，影響愈多），如何影響你現在的關係和生活。

步驟三：當年的那場征戰其實早就結束，我們在征戰過程留下了傷疤，那些是倖存的徽章。但現在征戰結束了，你覺得自己在這場征戰中，最困難的地方是什麼？你最想跟誰說不？

步驟四：當征戰已經結束，我們在撫平傷口的同時，你想對當年的自己說些什麼。

親愛的＿＿＿＿：

謝謝你，這些年，無論你曾遭受多少剝奪的經驗，你至今仍然用生命保護著我，不斷想辦法＿＿＿＿＿＿。我的話不多，但我由衷感激，你做了＿＿＿＿＿＿。即便別人可能對我不好，但你願意對我好，用你幼小的腦袋想辦法，稚嫩的身軀保護我，謝謝你。現在，我已經＿＿歲，**我希望可以換我守護你，為那些傷口、為那些無助和曾經的傷痛。**

我愛你，我愛你，我永遠愛你。

我還要謝謝你，＿＿＿＿＿＿＿＿。

＿＿歲的＿＿＿＿

六、閃躲型
在工作上不「盡全力」，全因為權威的母親

他說，如果讓老闆發現他的能力很強，那麼老闆豈不是會找更多事情讓他做？

「你就是愛拖拖拉拉，為什麼總是要我說了才去做？」她板起一張臉孔。

「好啦，好啦，我知道。」先生依然滑溜地應付太太。

「不要讓我再講一次，不然要你好看……」每一次，她都得擺出一副很強勢的態度跟先生講話。

她討厭自己看起來面目可憎，但又怕先生真的忘記處理重要的事情。

這也是她說不出口的苦。一開始，她其實很喜歡先生的幽默、風趣，而先生總是有辦法幫朋友打圓場，很圓融地處理事情。沒想到，這些「喜歡」卻變

成她的痛苦來源。

先生很圓融是沒錯，但總用錯地方。當她跟他討論正事的時候，他總是閃躲，最後常常變成她在收尾，讓她很不是滋味。於是，她只好常對先生頤指氣使。但旁人看了，卻又總是替她先生感到委屈而站在先生那邊，讓她更覺得裡外不是人。

其實，先生在工作上也是如此。他明明是個工作能力很強的人，但在工作中卻總是有所保留。

面對老闆，先生也總是能躲則躲。問他為何這麼怕老闆，他說，不是怕，是想保持距離。而且，如果讓老闆發現自己能力強，他覺得老闆會找更多事情讓他做。

原來，他有一個和老闆很相似的母親，他們都很權威，很喜歡下命令，雖然都愛說自己很好溝通，卻總是不聽別人的話，以自己的意見為主。

這樣一種複製與母親相處模式的職場關係，對他的職涯發展來說，是好的嗎？

諮商心理師這樣說：

對他來說，他總是被母親押著跑，後來他覺得是不是「如果一開始就被當作很笨，也許反倒能不被過度要求」。自此之後，他默默觀察身邊的人，發現「在家中乖順的人，反而倒是被要求的愈多，甚至還擔負起家人的過度期待」，於是，就讓他在內心裡更加印證，他可以用輕鬆的態度，用四兩撥千斤的方式過日子。

每一次「不盡力」，背後都有原因

在他做了這個決定後，他的每個「不盡力」都有了理由。他可以不被看重，不被認可，他都覺得沒有關係，因為與其被挑剔、被期待，那他寧可待在「那是因為我沒有盡力，不然的話，我也可以……」的內心想法中。

這樣的心態，也是研究動機理論學者阿特金森（Atkinson）提出的**「害怕失敗」的心理，因為擔心失敗帶來「我不夠好」的羞愧感，所以找了一個台階給自**

己下，告訴自己「那又沒什麼，我只是沒盡力而已！」

不想與別人競爭？

他的決定來源，來自於家人間的互動習慣。孩子在青春期都會在心理上產生

一個「離家」的過程。但當他提出意見或要求，本以為會獲得讚許或肯定，沒想到在強勢父母「我說了算」的風格下，他們因為擔心自己不被聽見，所以反而選擇捷徑，也就是「以父母的話為主」。

另外一種防衛的心態是，當聽見別人想要表現時，自己的主觀意識就讓位，他就主動讓別人去表現。

表面上看起來是不盡力，但其實是內在對自己並沒有這麼大的信心，或擔心自己表現得不夠好。**這種「覺得別人比較好」的狀況，也會間接影響他們成年後的各種關係。例如，不想與別人競爭，以及削弱自己的可能性。**

另外，他一方面覺得可惜，但一方面又擔心：「當自己變得有能力了，會不會搶了父母的鋒頭」？或是如果「他一旦超越父母了，是不是就失去挑戰的對象了」？又或者「當我變得有能力，我對父母親的理想化是否就會幻滅」？這些潛意識的訊息可能無時無刻都在默默干擾著他，讓他在面對事情時，習慣性的事事不盡力。

親密關係裡的遁逃

回到上述案例裡，先生一貫的裝傻或打岔，不也又維持了母親對他的態度？因為當他一搞笑或打岔，就不用跟父母爭取「誰比較好」的位子。他的不爭，反而帶給家庭一種和諧，甚至幽默，可是**對於親密關係來說，這種遁逃，反而造成在平行關係中的兩個人容易起衝突。**

依據聯合家族治療薩提爾（Virginia Satir）女士的研究，在衝突情境中，人容易出現五種應變的模式。這五種模式分別是：指責型（blamer）；討好型（placater）；超理智型（super reasonable/computer）；打岔型（irrelevant/mascot）；就像上述案例，他們常使用逃逸、避重就輕的方式躲過壓力事件；一致型（congruent）。

不過我認為還有一種類型是「強求型」，就是自己已經考量到自己和別人，但是所在情境並不適用，因此造成誤解以及自己的執念。

將以上六種溝通型態做出以下說明：

說明：「○」代表有顧慮到，「X」代表沒有顧慮到。

例如：「自己X」代表沒有考慮到自己；「別人○」代表有考慮到別人。

	考量層次	特徵	常說的話	正向功能
討好型	別人O 情境O 自己X	討好型的人目光只考慮到「別人和情境」，將自己擺在很後面，以討好和取悅別人為主。我能忍受你的控制和攻擊，因為我害怕你討厭我，更可能因此離開我。	「你說得對。」「我都同意。」「你說了算。」「你說什麼都好。」	顧慮他人。
指責型	自己O 情境O 別人X	指責型的人眼裡沒有別人，只在乎自己和情境，他們覺得自己最大。我要控制他們充分認可我，不許與我為敵。當別人被我吃死死的，我可以感覺自己變得很重要！	「聽我的！」「你給我回來。」「都是你的錯！」「你做的都是錯事。」	果敢決斷。
強求型	自己O 別人O 情境X	強求型的人只在乎「自己和別人」，他們常感受時空錯置，常使用不合時宜的方式應對現狀，例如他們在不對的時間遇見對的人，卻不肯面對現實層面的外界情境。	「怎麼可能……」 「哪裡出錯了……」 「不是吧！」「為什麼？」	顧慮雙方。
超理智型	情境O 自己X 別人X	超理智型的人只關注情境，較少關注到自己和別人的因素。他們試著運用確切的邏輯數據、研究報告佐證自己的論點，強調主導權。	「你太情緒化。」 「我了解最多。」 「這照理應該……」	論點堅定。
打岔型	自己X 別人X 情境X	打岔型的人很快可以轉移掉令人焦慮或有壓力的話題，他們可以馬上說些不相干的話題，模糊掉重點，並成功打斷別人談話。	「我忘了。」「你說什麼？」「天氣不錯！」	具有創意。
一致型	自己O 別人O 情境O	在一致的溝通型態中，不但尊重自己的意願，顧慮到他人，更符合情境，是最表裡一致的回應方式。	「我聽到你說……的時候，我認為……」	表裡一致。

擺脫父母婚姻關係的練習：

請依據上表寫下：

1. 自己身邊的人（親人、朋友）最常用什麼方式溝通，請寫在下表「對象」的欄位中。

2. 他和你的相處模式如何？＿＿＿＿。

3. 寫下之後，你有何新發現？＿＿＿＿。

4. 你最習慣哪兩種配對的溝通模式？＿＿＿＿。

	考量層次	常說的話	對象
討好型	別人O 情境O 自己X	「你說得對。」「我都同意。」「你說了算。」「你說什麼都好。」	
指責型	自己O 情境O 別人X	「聽我的！」「你給我回來。」「都是你的錯！」「你做的都是錯事。」	
強求型	自己O 別人O 情境X	「怎麼可能……」 「哪裡出錯了……」「不是吧！」「為什麼？」	
超理智型	情境O 自己X 別人X	「你太情緒化。」「我了解最多。」「這照理應該……」	
打岔型	自己X 別人X 情境X	「我忘了。」「你說什麼？」「天氣不錯！」	
一致型	自己O 別人O 情境O	「我聽到你說……的時候，我認為……」	

5. 你最喜歡哪兩種配對的溝通模式？＿＿＿＿＿＿＿＿＿。

如果可以，建議你因人、因時、因事、因地，而運用不同的方式面對情境，這樣一來，除了可以增加你個人的彈性之外，更能夠對自己保有覺察能力，也能更坦然面對親密關係裡的衝突和磨合。

七、過度理性型
太太產後憂鬱，先生卻只會說：「正面一點……」

他終於找到一個夢寐以求的「阿姨般的女孩」結婚。

他從小是由阿姨照顧長大。要拿零用錢找阿姨，學費找阿姨，在學校惹事也找阿姨，阿姨就像她的媽媽一樣。

阿姨沒結婚，但卻是家裡的「掌櫃」，不但包辦家裡所有大小事情，連家裡孩子跟誰交往，也是要帶來給阿姨看。如果要問阿姨為何沒結婚，更確切的說法是，她早就將自己嫁給這個家。

他因為爸媽忙碌，所以從小就跟阿姨黏在一起。他喜歡阿姨的理性、有條理。當家裡孩子吵架，也都由她來調停。但他能看到阿姨在嚴厲背後，有著對家人的愛和關懷。於是，他特別容易被這樣理性的女孩吸引。

記得他跟太太交往的時候，他就是看準了太太的理性。他原本以為能和這樣的女孩結婚是多麼幸運，因為他終於找到一個夢寐以求的「阿姨般的女孩」。

沒想到在第一個孩子出生後，太太罹患產後憂鬱症。太太的情緒常常大起大落，還不時爆哭。太太也不斷指責他漠不關心，而且不願盡力照顧孩子。

當太太一沮喪，他不知該如何是好。他只好求助阿姨，阿姨告訴他，「要她正面思考，不過是生個孩子，人生還很長……」

他如實轉述給太太後，太太卻覺得被責備，更加沮喪、無助。

一看到太太這樣，他也忍不住生氣，但心裡又覺得不該這樣對待太太。

諮商心理師這樣說：

你也曾像他這樣不知所措嗎？當我們面對挫折，如果使用了過去一貫面對挫折的方法，卻發現不管用，但又找不到新方法時，心情一定是混亂不已。

一直以來，他透過阿姨所傳授的人生經驗，一直以「只要我夠努力，一定會

Part 1

親愛的，我們明明如此相愛，為什麼結了婚，卻吵不停？

度過」來面對人生的挫折。

但有時人生遇到的挫折，超乎我們的處理能力，而且也沒有SOP可以依循。對他來說，「維持理性，解決問題」，是他從家族長輩學習而來的經驗。當遇到困難時，他就會如此處理與面對，通常也非常有效。

成為父母，會加劇原本婚姻關係裡的難題

但對於脆弱、無助的沮喪感，他感到特別陌生，畢竟他太習慣使用「阿姨式敲戰鼓」這樣的方法來度過難關。他也常對自己說：「加油！」「這沒什麼。」「會過去的！」但**我們每個人都會有沮喪、低潮的時候，去正視、面對與抒發，才是正確看待低潮情緒的方法。**

另外，太太正在面臨的問題，是當「一對夫妻變成了父母」時，生理、心理所需要的調適。當一對夫妻變成父母，某種程度是從原來彼此互相照顧，變成共同去照顧稚嫩的幼童。從「原本我的需求被你滿足，你的需求被我看見」的互相依賴關係，而有了實質上的轉移，變成我們要去照顧孩子的需求。

在這個過程中，**夫妻雙方都需要去面對的是，「從『自我』（親愛的，你要**

無條件對我好）到『無我』（我們哪想得到自己，再怎樣也要為孩子好）」的過程。這個過程，每個人在調適程度上不一。

別逃避尋求專業協助

當孩子出生，父母一方面感到開心，一方面卻又感到負擔。這種甜蜜的負荷心情，在孩子不受控制，或者哭鬧不休的時候，父母的需求不但會被壓榨，他們還會感到匱乏，而這時候的父母便特別有一種「被掏空」的感覺。

而當這種被掏空的感受不被理解，卻又被要求付出更多的時候，就像一個人只剩下二十元，你卻要他付出兩百元，不僅備感壓力且感到無助。難怪他的加油與鼓勵，完全進不了太太的心裡。

產後憂鬱症其實與心理、環境和生理都有關聯，例如荷爾蒙分泌、生產時的體力、懷孕週期是否發生什麼重大事件等等。它的成因太複雜，在後續的處理上，一定要尋求專業的醫師和諮商心理師協助，而不能只依循過去的經驗來安撫當事人。

擺脫父母婚姻關係的練習：

每個家庭處理挫折的方式不一樣，父母之間的模式也可能不同。記得我家人通常會先幫我打預防針，他們會先告訴我最壞的情況，然後說：「如果沒有發生，就當是你很幸運，你要好好珍惜；如果發生了，你也別太驚慌，就想著怎麼解決。」這樣理性的態度，讓我在面對事情的時候，往往能以冷靜的態度思考。

當遇到挫折或困難時，你的父母通常會怎麼處理。而當你遇到挫折時，他們會跟你說什麼，你是用什麼態度面對。

請在＿＿＿填入你所直覺想到的重要家人。

步驟一：

＿＿＿A、沉溺痛苦型：「怎麼會這樣？我們好悲慘啊……」

當有些人沉溺在痛苦中時，會獲得某種程度的被安慰或保護，所以他們習慣將自己的困境說出來，一方面可以尋求安慰，一方面說出來後心情或許會好一些，但有某些人則是過度的沉溺，容易一蹶不振。

＿＿＿B、未來展望型：以「不要回頭想」、「往前看」來跳過事件本身。

有些人可能是因為擔心打擊太大，不敢面對。有些人則是覺得沉溺在已經發生的事情沒有用，還不如把目光放在未來。

——C、打預防針型：「最壞的情況可能是……」

這種做法的優點是能先有心理準備，但缺點是當事人有時會覺得好像被唱衰，或不被支持，甚至有點被反對。

——D、尋求慰藉型：「一定是你沒去拜拜，趕快去跟神明懺悔。」

尋求更高的力量協助自己，這是人之常情，但有些人過度歸因於神明的庇佑，而忘記自己仍須努力，所以這得視情況而定。

——E、逃避防衛型：「不要再說了，都是你烏鴉嘴。」

面對挫折的時候，很多人採取的防衛姿態就是不要再提、不要再說，因為擔心說了，心裡更難受，或說了無濟於事，所以也要身邊的人絕口不提。這樣的方式也許會讓自己好受一點，但也因此和別人隔絕了一道牆。

——F、搞怪打岔型：「他說什麼，可以吃嗎？」

打岔型的人往往看見事情的嚴重性讓大家愁雲慘霧，所以突然添加一些笑料，想讓氣氛不要這麼僵，但打岔者有時候反而會意外變成箭靶，被大家攻擊，怎麼此時還在說這麼白目的話。

——G、指責怪罪型：「這都是因為你們不聽我的話，才造成的。」

指責怪罪型的人較為杞人憂天，常常會將醜話講在前，或者他有點控制的意味，希望別人能遵照他的判斷。如果事情最後如他所預期的，而有人因此吃虧時，他就容易在第一時間開口指責。

——H、異常冷靜型：「大家要不要先冷靜想一想……」

異常冷靜型的人在大家慌亂時，往往是大家寄予厚望和依靠的人。當他面對挫折時，常常會選擇退一步觀察。他比較不容易身陷其中，或與大家攪和在一起，缺點則是可能會被大家誤解成冷漠。

步驟二：面對事情時，你通常用哪幾種方式回應（請填代碼）？是和哪個家人比較像？＿＿，＿＿，＿＿。

你最認同哪幾種？為什麼？＿＿＿＿。

不認同哪幾種？為什麼？＿＿＿＿。

步驟三：我們每個人都有自己處理、面對挫折的習慣方式，但每種方式都有它的優點和限制，**最重要的關鍵是我們更該柔軟的傾聽另一半的心情，而非總是覺得對方的感受只是一時心情不佳**，甚至若需要尋求專業的建議時，我們也不該逃避。

婚姻是兩個人的事，當遇上困難時，一起面對，一起解決，千萬別讓另一半覺得自己孤立無援。

八、完美主義型

一心為公婆、孩子付出，先生卻外遇

她將自己的價值綁在別人的眼光裡，這是她與先生無法建立真正的親密的原因。

「這是你最愛吃的雞翅，來，我特別留給你的，趕快吃吧。」

「那媽媽你愛吃什麼？」姊姊抬起頭，問了媽媽這一句。

「我好像沒有特別愛吃什麼。」剛下班的媽媽一邊回答，一邊忙著準備晚餐。

每一天，她都像被時間追著跑。身為職業婦女的她，就像停不下來的陀螺一樣。

尤其，她特別喜歡把家裡打理得舒適妥當，讓家人舒服地過日子，當個先生滿意、公婆稱讚的好媳婦。

只是，她從來沒想過，這麼愛家的她，還會被先生背叛；也從來沒想過，原來努力，不一定就能夠讓家庭幸福美滿。

面對先生要她簽字離婚，她委屈地想著，自己到底做錯了什麼。

她是家裡的長女，她的母親從小就要求她要當弟妹的榜樣。她不但教導弟妹功課，成績也很好，總是前三名。

結婚後，她以公婆、先生為主，從來不跟妯娌爭取，也不計較；在職場上，也是以老闆的意見為最大的考量。但她其實不快樂，她常想，自己好像是一個完全沒有自我的人，她的需要好像自始至終都被排在後面，但若是要她為自己想、要她愛自己，她也不知道從何做起。

她知道先生和她之間並無法真正的親密，但她也說不上原因。她的想法只有兩個，一個是指責先生不忠，另一個是責怪自己，會不會是哪裡做得不夠好，才會讓自己被先生丟下，但即使如此，她還是不知道為什麼自己會離婚。

諮商心理師這樣說：

你身邊有像她這樣的人嗎？習慣將自己的需求壓到小小的，但卻充分滿足別人的需求。她了解家裡每一個人的習慣，但沒有一個家人知道她要什麼。

也許，她只是習慣活在別人的期望裡，習慣吸收身邊的人眼光，並盡力達到別人的期望。萬一沒有了這些標準和期望，她還不知道自己要做什麼。

但是，這樣的人是很辛苦的。以她來說，她過度追求滿足每一個人，藉此展現自己是好太太、好媳婦、好員工，但卻失去了自己的疆界，讓別人不重視她的需求，也看不見她的渴望。

自我價值薄弱

她習慣別人對她寄予厚望，並一次次的達陣成功。在她的人生中，她像是不斷地找一座山給自己爬，當爬到山頂時，她期望身邊的人給她鼓勵和掌聲，然後再從身邊的人的期望中，尋找下一座山去達成。

她常常將事情往自己身上攬，覺得沒有自己不行。別人的冀望給了她一個舞台，如果達成了，就是「好」，如果沒有達成，她就會認為自己是沒有價值的、沒有用的。

她將自己的好綁在別人的眼光裡，這是她與先生無法建立真正的親密的原因。她無法坦露自己的脆弱或需求，因為她覺得這樣是弱者，這樣也會不完美，但這反而讓她和先生的關係漸行漸遠。

失衡的親密關係

另一方面，**當她愈是勞心勞力，就與先生的關係愈失衡，也讓先生愈覺得可以予取予求。**畢竟在親密關係裡講求的是對等的地位，當她愈是被很多事情追著跑，先生就可能愈落得輕鬆。當一個人愈是把責任往自己身上扛時，先生就愈是被默許成驕縱、不負責任的孩子。

所以，在關係中尋求一種平衡，並且適度地坦露與表達自己，都是促成關係更親密的要件。

擺脫父母婚姻關係的練習：

你有完美主義的傾向嗎？這個完美主義是從哪裡來？是來自原生家庭嗎？小時候的你，是否如果表現不好，就不會被家人讚賞，或被家人接受？我們現在可

以從以下的問題檢視自己在關係中的心態，以及被原生家庭影響而變成什麼樣的人。

1.（ ）你是否過度期望在生活中不要出錯，以避免被嫌棄？

2.（ ）你是否對於「自己無能」的評價，過度敏感？

3.（ ）你是否擔心遭人完全放棄，所以執著在滿足別人的期望？

4.（ ）你是否有過人的警惕感，常把事情想成是自己的錯，並盡力滿足別人？

5.（ ）你是否期許生活中只有讚揚，完全不要有批評最好？

6.（ ）你是否需要花很大量的心力準備工作，讓自己免於被挑剔？

7.（ ）你是否吹毛求疵到讓身邊的人很受不了？

8.（ ）你是否把標準訂得過高，常讓自己感到疲憊？

9.（ ）你是否因為某些「應該」或「必須」的信念，在全力以赴之餘，仍憂心忡忡自己不夠好？

10.（ ）你是否期望事情總要萬無一失，而壓榨著自己，在事情完成後感到精力用盡？

11.（ ）你是否因為要避免遭人非議，就想要過度掌控？

12.（　）你是否常將事情想成「非對即錯」、「非黑即白」的二分法？
13.（　）你是否曾被朋友說「頑固」或「固執」，但你覺得是別人的問題？
14.（　）你是否過度想要別人贊同你，不然就覺得自己沒有價值？
15.（　）你是否過度在意別人的期望，一旦沒有期望，就覺得人生沒有目標？

若有七題以上是「〇」，那麼表示你對自己過於苛刻。你不准自己有不夠滿意的表現，也有可能你過度在乎別人的眼光，而壓得自己喘不過氣，這些都會造成你和周遭的人有某種程度的隔閡。

你對於「別人向你投以滿足的眼光」上了癮，但卻過度壓抑著自己實際上也有偏好。

請你開始練習著思考自己的喜歡、偏好、渴望、厭惡，並記錄下來，再找個你信任、能接納你想法的人，與對方分享你的這些想法。

我喜歡：＿＿＿＿＿＿＿＿＿＿＿＿。

我偏好：＿＿＿＿＿＿＿＿＿＿＿＿。

我厭惡：＿＿＿＿＿＿＿＿＿＿＿＿。

我渴望：＿＿＿＿＿＿＿＿＿＿＿＿。

我們每個人都一樣，我們並無法滿足所有人，我們當然也不會被所有人都喜歡或討厭，就像你會同意某人的說法，但也會不同意某些人的說法一樣。**當我們不被同意的時候，其實並無損你的自我價值，因為對方不同意的是你的看法，並不是你這個人，你不需要就因此否定自己。**

而當我們達不到別人期望時，或許有各種原因，請別一開始就責備自己。**看見自己的需要，允許自己自由，也才能真正看見別人的需要，允許別人也自由，這也才能讓彼此的關係更靠近。**

九、無法不成功型
已經半夜兩點，太太非要讓孩子把數學算對

她想要讓孩子「強起來」，但卻反而削弱孩子的力量，讓孩子更依賴母親。

「這題數學這麼簡單，你怎麼不會解？擦掉，重算！」

她坐在兒子書桌旁，戴起她的老花眼鏡。看到兒子的數學答題錯誤率這麼高，雖然身體已經疲憊到不行，她仍然不時地大發雷霆。

此時已經半夜兩點多，小學六年級的兒子打著哈欠，卻又掩飾不住略微驚恐的神情。他想要打起精神答對數學題，眼皮卻不爭氣地垂下。

「欸，媽媽都沒打盹，你睡什麼睡？這一面通通要算對，再給我離開書桌，否則今晚就別睡了。」

先生被她高八度的聲音驚醒，他走到兒子房門口，看著他們兩人拚命撐在書桌前。先生皺了皺眉，走到兒子身後，看了一下數學題目，他本想上前指導，但太太眼尖，馬上被出聲阻止。

「剛剛我已經跟他說明過要怎麼解題了。他如果不自己想，會也是我們會，他永遠都不會。」

太太的想法沒有錯，只是兒子已經很累的腦袋無法運轉，要他在這時候思考，實在強人所難。

「小孩子的睡眠最重要，趕快寫一寫，讓他睡吧。」先生只能淡淡地這樣說。兒子抬頭看了一下爸爸，眼神明顯表示希望爸爸能讓他脫離苦海。

但太太卻突然跟先生吵了起來，大聲地說：「你別想讓我們兒子變成跟你一樣失敗。如果你錢賺得比我多，再來跟我說怎麼教小孩。」

先生瞪大雙眼，氣到說不出話，甩頭走人。

太太從很小的時候，就比一般人更努力，現在的她，已經是事業有成的企業老闆。即使人人稱羨，但一向自我要求高的她，仍然無法停下追求成功的腳步。

原來，她從小就有一位嚴格要求她課業的父親，她不想讓父親失望，也常常將自己在成績上的一次次成功挑戰，當成送給父親的禮物。從來沒有辜負過父親期望的她，畢業後，在事業上也大有斬獲。

只是，她在結婚後，對成功的渴望除了表現在自己身上外，她同時也把這份期待放在先生與小孩身上，這令先生和小孩萬般痛苦，與她的爭執也不斷。

我們這社會不是也很鼓勵一個人成功？父親更是以她為榮，她錯了嗎？

諮商心理師這樣說：

她這一生都希望能夠讓父親有面子，成為父親的驕傲。她也總是認為，一個害怕吃苦與磨練的人，注定與成功無緣，所以她怎麼能讓自己的孩子怠惰而一事無成？

在她的眼裡，「失敗」、「不盡力」、「駑鈍」都是不允許的，因為那一定是自己不夠拚命，沒有展現出全力以赴的決心。

錯綜複雜的網狀家庭

對於孩子的表現，如果父母適時給小孩壓力，孩子感受到的會是合理的期待。但父母若過度苛責，沒顧慮到每個小孩的資質不同，發展階段也不同，或者**將小孩的榮耀緊緊和自己綁在一起，而過度的干涉和侵犯，甚至無法分辨「這是小孩該負的責任，還是父母的責任」**，那麼就容易形成一種關係錯綜複雜的網狀家庭。

「網狀家庭」的特點發揮到極致會變成「你的問題就是我的問題」，也就是「責任區分不清」，例如有些家長會覺得「都是你害我沒面子。」「因為有你，才造成我的不幸。」「我的人生都被你的言行舉止給毀了。」

這些苛責的背後，都充滿父母自己的焦慮和擔心自己因此不夠好，所以對小孩嚴厲，對丈夫控制，或者對太太苛責，最後讓所有人都不敢表達自己的心意，也不敢造次或違背。

但其實，**沒有人可以為別人的人生負責，我們也沒有一個人是為了滿足別人的期待而活。**

孩子反而更依賴母親

上述的這個家庭，每個人都沒有獨立性，當太太過度插手先生的管教，並將小孩的課業成就緊緊和自己綁在一起，家人間就更無法獨立，也無法清楚地劃分個人的界線，更無法達到太太想要孩子學習為自己負責的目標。

當她想要運用自己的期望，讓孩子「強起來」的時候，卻反而是在削弱孩子的個人力量，讓孩子更依賴母親。

另外，長久下來，孩子也會開始擔心被別人發現自己其實是沒有能力的人。當他這份羞愧感的時間一拉長，就容易在家庭氣氛中蔓延開來，每個人都可能因此感到沮喪。

擺脫父母婚姻關係的練習：

其實很多人和她一樣，當發現自己的成功模式無法套用到孩子身上的時候，也會感到挫折和氣餒，所以態度上就更為逼迫或更嚴厲，以期達到某種效果。

或者，**有些人會覺得因為我父母對我太嚴厲，所以我一定要給孩子空間，會充分尊重孩子，結果矯枉過正，反倒讓孩子沒大沒小，孩子甚至還會指責或糾正爸媽。這些，都是我們想要修正和自己原生家庭關係時候的矛盾和掙扎。**

也許我們都無法做到最好，但我們若能保持著覺知，覺察到自己某些不妥當的想法與行為是來自於原生家庭，那麼就比較可以善待自己、善待孩子。

在了解孩子的能力和限制之下，依然可以達到原本的目標，只是換個對雙方都比較好的方法，所以**我們要先了解自己期望背後的需求和焦慮**，才有機會想想什麼方法更有效，才不會一心想為孩子好，卻反而愈將孩子推離開我們身旁。

步驟一：在你的原生家庭中，爸媽最常要求你的是什麼？你覺得對你人生有用的有哪些？而哪些是對你無用的？＿＿＿＿＿＿＿＿。

步驟二：你對孩子的要求通常有哪些？＿＿＿＿＿＿＿＿。

步驟三：你對孩子的要求和爸媽要求你的，哪些是一樣的，哪些又是不同的，為什麼？

1. ＿＿＿＿＿＿＿＿。
2. ＿＿＿＿＿＿＿＿。
3. ＿＿＿＿＿＿＿＿。

步驟四：你會怎麼與另一半協調以上的要求和期望？也請和你的另一半溝通出你們的共識。＿＿＿＿＿＿＿＿。

步驟五：如果你願意，請你寫封信給你的孩子，告訴他，你愛他，你期望他可以做到＿＿＿＿＿＿是因為＿＿＿＿＿＿。

並告訴他，你想聽聽他的意見，你對他的期望，是他想要的嗎？如果是，他可以怎麼配合＿＿＿＿＿＿。若不是，他是否想到其他的方式，以及如何達成。

我們都希望孩子能夠透過父母的引導及期待，懂得為自己設定目標，學會為自己負責，過一個他們希望，而父母也無須憂慮的人生。

請你給你的孩子寫一封溫暖的信，告訴他，你愛他，你對他的關心與愛。**最重要的是，表達你會支持他，在他受挫或傷心時，也會陪伴他。**你相信，你對他的支持與愛，會讓孩子長出自己的模樣。

十、負面思考型

一失業，先生從此一蹶不振

國二時，他就決心要往上爬，因為他要讓自己好到父母都不會拋棄他才行。

「我是個沒有價值的人，你嫁給我吃苦，真倒楣。」他又哭喪著臉，自暴自棄地說著。

「不要亂講話。你今天吃藥了沒？」

「吃藥了沒」，變成太太和他每一天的對話。太太面對常常沮喪的他，心裡很紛亂，但卻又不敢說出來，她怕增加先生的負擔。他們常常吵架，太太也常退讓，但先生的負面思考一來，就像是一個黑洞，將他們關係中的活力和希望全部吸了進去。

他本來是知名企業的中階主管，因為他的優異表現，很快成為總監眼裡的紅人，也因此不斷加薪、升職。但沒想到，在總監被撤換的隔天，所有的中階主管也整批被撤換，他雖然沒被撤換，但卻被降了職。

他非常不甘心，結果罹患憂鬱症。

讀國二時，他的父母離婚，他永遠記得他父母彼此爭財產、爭監護權，那段鬧得不可開交的痛苦日子。

當時，他深知自己處理不來父母的爭執，他只是不願意被當成商品，放在檯面上被爭奪、交易。他感覺自己無論如何都要失去爸媽任一方，他已經失去人生的主控權。於是，他決心從此要往上爬，頭也不回一直往上爬，他要讓自己好到父母都沒有人可以拋棄他才行。

只是這一次，他摔了一大跤，他在心裡已經很無法接受這樣失敗的自己，更沒想到他的失敗會拖累心愛的人。

他用了最壞的方法，想將太太趕走……

諮商心理師這樣說：

他在被降職的失意中，整個人像跌落到谷底，一蹶不振。當他看見自己的無能，也同時覺得無法再給身邊的人安穩的生活時，**他所感受到的是，他又再度被人遺棄了一次。**

他無法面對自己的失敗，無法面對自己帶給別人的拖累。他心裡的痛苦是「我沒有價值了，還有誰會要我？」他也覺得別人一定都在背後偷偷嘲諷他，因為他是如此失敗。

未失敗前，已感受到恐慌

加上憂鬱症又間接加強他的負面思考，他覺得自己如此無能，是不是又要被拋棄？這一連串的連鎖效應，讓他感到自己更軟弱、無能，而他打從心底不願意接受。

這類型的人，在投射性認同裡，屬於「權力型」，他們戮力完成目標，不允許自己失敗，也不允許自己有任何的難堪，有部分混雜著完美主義。

但水可載舟，亦可覆舟，這些完美的信念，卻正是可能壓垮他們的來源。他們從中獲得成就感和操控，但也在失控的局面中，在失敗還沒來臨之前，就感受到可能全盤皆輸的恐慌。

讓我們允許自己脆弱

其實，他忘記了，在親密關係中不用當超人。當目前被憂鬱纏身的他愈想當超人，就愈看見自己的無能和失控。

他的另一半必須一次次的保證，「我很心疼你，你這麼努力，是為了讓我不離棄你。**我想跟你說的是，你不必這麼成功，我依然會愛你。我愛所有的你，我不會離棄你。**」唯有一次次的愛和保證，搭配藥物治療和心理諮商，慢慢微調和修復，他才能從谷底爬上來。

擺脫父母婚姻關係的練習：

為我們心裡好害怕不再有能力的自己，默禱一段允許脆弱的祝禱文。

給總是害怕的你，祝禱文：

「親愛的小孩，你可以不用這麼用力衝衝衝，你可以不用吸收別人失望的眼神。你是你，你是獨一無二的你。你不用一直表現得這麼好，也依然值得被愛、被喜歡。記得，你是你，這個世界上最難放過自己的你，你是最該被好好疼惜的人。不用焦慮、不用擔憂，儘管放寬心，那些追趕你的，不是要逼迫你，更不是要嫌棄你。『我有時也累了，想要休息』，這種想法並不是做錯事。當你覺得『這是真的嗎？可以不必這麼用力嗎？』的時候，請記得跟自己說：『真的，休息一下，世界一樣在運轉，我不需要擔負起全世界的責任，我不用當超人。』只要依照自己的能力，然後也看見自己的限制，再好好發揮就好了。

『多給自己空間』，是一個新的練習，你很不習慣沒關係，你已經當超人太久了，你緊抓太多了，現在我們一起練習『放鬆、放鬆、放輕鬆』，也**想一想，什麼時候你最快樂，什麼時候你最能放下負擔**。

然後，多給自己一點肯定，『**肯定**』**是由自己給的**，不用往外求，相信你可以慢慢做到。」

十一、拒愛型
父親過世，先生一滴淚也沒掉

他承接了父母對待他的方式。他對待自己的大兒子，從不手軟……

這天是公公的出殯日，家人都穿著莊嚴、肅穆的黑色套裝出席會場，送公公最後一程。

「為什麼你爸過世了，你卻一點都沒有哀傷的樣子？」她一邊掉眼淚，一邊抬頭望向冷若冰霜的先生。

先生盯著父親的遺像，不發一語。

沉默一陣子之後，先生只幽幽地說了句，「我去外面抽根菸……」

直到煙圈一環環纏住他的思緒，他好似在煙圈的保護下，才能聽見他心裡微弱的聲音。

「不曉得為何我始終無法忘記他從小狠狠打我的樣子，那是如此凶狠，好像要殺了我一樣。現在他死了，可我一點都哭不出來。即便到今天，我依然是恨他。我恨他對我總是如此嚴厲，我恨他因為我是家裡的老大而羞辱我。我怎麼能這麼恨他？恨到我也是這樣對我兒子的……」

他心裡沒有答案，可是他卻知道他承襲了父親所說的，「你是家中的老大，你就一定要……」他從小沒好好當過小孩，當弟弟妹妹接二連三的出生，他只是一而再，再而三被逼迫著長大。

他疼愛自己的弟弟妹妹，卻也氣弟弟妹妹剝奪了他的童年。他愛爸媽，卻也氣爸媽總是只要求他，甚至弟弟妹妹做錯事，他也要一併受罰。他感受不到愛，只剩下恨和無助。

只可惜，他似乎也承接了父母對待他的方式。他對待他的大兒子，從不手軟……

諮商心理師這樣說：

在諮商的現場，常常見到這樣被迫長大的孩子。無論男女，他們都有一個共通點，**他們拒絕與自己的「無助感」接觸。他們認為一旦接觸了自己「幼小又無能的狀態」，一定會再度被拋棄一次。**

渴望愛，卻又拒絕愛

於是，他們渴望愛，卻又拒絕愛。通常他們會在親密關係中發現，原來親密是他們心裡的渴求，可是一旦真的與對方組織成家庭，他們卻又會與另一半「保持距離，以策安全」，這往往形成他們與另一半之間的一面牆。

我們沒有一個人是可以單獨生活在世界上的，但是對他們來說，獨活遠比「總有一天被拒絕來得好」。他們不斷為自己打著「因為害怕被拋棄，所以降低期望」的預防針，一針又一針的麻痺自己，然後不可自拔。

當他們有了孩子，他們一方面害怕自己重蹈覆轍，會用他們父母對待他們的方式，來對待孩子，但一方面卻又無法不重蹈覆轍，只是比較輕微。

排行老大的孩子，責任感最重

以文中的他來說，他承擔了排行老大，被賦予許多職責、被逼迫著長大的宿命。維也納心理學家華特‧托曼（Dr. Walter Toman）曾探討手足排行對人格及社會行為的影響，他發現家中每個角色的反應與排行是相關聯的。

家中的老大會跟父親有一份特殊的關係。他會以行動顯示與父親的關係，甚至擔負起父親都無法擔負的責任，是家中最被賦予期望但較為沉重的角色。

老二是家中情緒最敏感的孩子，他期望能夠去滿足和討好別人。他能夠尊重家中無形的規則，對家人對話之間的弦外之音也比較了解，對事物的判定較為兩極，不喜歡模糊，沒有界限的事情。

老三則覺得自己需要為父母的關係負起責任。所以有時候，他們會用犯錯、違規來緩和父母之間的關係。老四則是承擔起家人間團結的使命，為家庭的和諧負責。

無論是排行第幾的孩子，每一個孩子都很需要父母的關照。但在我們的文化裡，當夫妻變成父母，父母常常出現疲於奔命的狀況，他們會冀望老大能夠扛起分擔的責任。這是人之常情，只是，**如果也能保留一點點和老大的「特殊相處時間」，也許除了能讓老大用自己的方式成長外，也能維繫住和老大之間的親情，**而非因為嚴格、期待過深或責任過重，而把孩子逼遠了。

擺脫父母婚姻關係的練習：

大多數的人都是當了父母，才知道當父母是怎麼一回事。現在的你，請給自己「一封自我承諾書」。

我現在已經＿＿歲，雖然我記得我小時候的難受和無助，但是我已經長大，**父母也已經年邁，他們對我的影響力已經不如當年，而且父母當年可能也有他們的難處，我願意試著諒解。**現在我已經長大成人，我要重新好好愛自己，對待自己。

我願意立下一封「我願意」的自我承諾書，內容如下：

□我願意對自己說，我早就已經脫離小時候的情境。

□我願意對自己說，從今以後，我可以自己肯定自己。

□我願意負起自己接下來的人生責任。

□我願意了解父母那個年代下的難處和限制。

□我願意避免自己重蹈跟父母一樣，對孩子的錯誤對待。

□我願意將和爸媽之間的溫暖回憶，傳承下去。

□我願意珍惜父母與我相處美好的時刻。

□我願意了解父母心裡說不清楚，也不好意思講出來的話。

□我願意不再被過去的限制綑綁住。
□我願意不再重蹈過去的惡夢。
□我願意誠實地面對自己的脆弱、無助。
□我願意為自己的優點感到自豪。
□我願意肯定自己所做的許多好事。
□我願意安撫自己，尤其是童年曾經有過的害怕和擔憂。
□**我願意了解爸媽對他們的婚姻，也有他們的失望和無助。**
□我願意了解爸媽對他們的婚姻，也有盼望和希冀。
□我願意了解自己不是聖人，也有犯錯和怨懟的時候。
□我願意了解自己不是受害者，也會有積極幫助自己的時刻。
□**我願意了解自己心裡也有一個還沒長大的孩子，我會回頭擁抱他、愛他、療癒他。**
□**我願意告訴心裡的自己，「無論你是什麼樣子，我愛你，我會愛你，我永遠愛你。」**
□其他＿＿＿＿＿＿＿＿＿＿。

十二、害怕獨活型

公公過世，先生也崩潰

如果太太很快就替代公公的職責，變成家中最強的人，那麼，他和母親就會持續無助。

「媽媽又沒吃飯了，我們要不要買點東西過去？」

他是家中獨子，聽見外傭打電話來說母親在家又摔東西，又鬧脾氣，也不吃飯，他心急如焚，連忙對太太提議兩人回家一趟。

「媽自從爸過世後，心情一直都不好。一下子說不需要我們，一下子又說沒有我們不行，這該怎麼辦？」太太也很擔心。

他的母親一直依恃父親而活，完全是出嫁從夫的傳統觀念。只是，當父親被檢查出罹患大腸癌末期後撒手人寰。這個震撼彈，除了讓母親陷入絕望，間接也衝擊著他。

就像母親一樣，他也在父親的保護傘之下長大。他從不忤逆父親，因為他知道父親總有他的道理。在父親強勢的外表之下，家人都能感受到他其實非常愛家。他也從未想過身體一向硬朗的父親，會突然什麼都沒交代就離開人世。

這陣子，他跟母親一樣，心情常常起伏失控，還對太太大小聲。

所以當他聽見母親不吃不喝時，其實也是他最害怕失去母親的時候。父親驟逝對家庭的衝擊，他還沒來得及調適，就又得撐住傷心欲絕的母親，以及還沒習慣使用自己的羽翼去飛行的自己。

在這種狀況下，他被期待撐起整個家庭。他知道，自己並沒有想像中這麼勇敢。**當他看見母親的害怕，就撕裂他自己心底對父親驟逝的傷口，以及自己也年近五十的害怕**，只是，當他愈害怕，他就愈覺得自己沒辦法獨活，就對太太愈頤指氣使，甚至當父親重病之際，他也愈輕信權威人士的偏方。

這其實都是基於**他開始意識到自己再也沒有一個強大的父親守護著自己**。他的心底一直覺得自己很軟弱，而生命也很脆弱，卻忘記他也有自己的肩膀、自己的手腳，他可以站得起來，去陪伴太太迎接生命的無常。

諮商心理師這樣說：

當家人驟逝，帶給家人之間的衝擊程度不盡相同。只是，若家中的支柱倒下，對於長期認為自己沒辦法獨活的家人，他們不但即將面臨家中的混亂和重組，頓失重心的他們，若又表現出沒有能力照顧好自己，那麼生活將會受到更大的衝擊。

在一個家庭裡，當支柱夠強大，其他人就可以攀附而活。但風險是如果支柱倒下，那麼就像骨牌效應一般，所有依賴的人，可能都會垮掉。

愛不該和控制綁在一起

這是屬於投射性認同裡的「依賴型」。他們信仰權威，樂於被下指導棋。在這樣的家庭裡，愛和控制綁在一起。強勢者樂於控制、發號施令，而跟隨者則是不用做決定、不必處理自己的生活。

在強勢者和依賴者的互動下，他們維繫了「你來照顧我」，以及「你好強，你怎麼會這麼照顧人」的互動模式。這樣的模式會讓依賴者無法切斷臍帶，無法自主做大人，他們也不允許自己夠強壯，可以獨力解決問題。**他們常誘導強者來照顧他們，以便餵養強者的成就感。**

陪伴、信任與鼓勵

以上述的例子來說，當父親突然過世，他和母親兩人都瞬間失去了依靠，即便時勢所逼，要他們用自己的雙腳站起來，但事實是，母子都處於「失足」的狀態。**要處理投射性認同的依賴類型，方法是以關懷及耐心陪伴他們，並讓他們學會使用自己的雙腳。**但如果他的太太很快就替代了公公的職責，變成家中最強的人，那麼他和母親就會持續無助。因為他們太習慣依靠別人活下去，太習慣誘發別人來照顧他們。

他的太太若能耐得住投射認同的狀況，對先生和婆婆多一點的信任和鼓勵，並且讓他們也有信心面對突發狀況，相信新的平衡會慢慢產生。

擺脫父母婚姻關係的練習：

為我們心裡總是想依賴別人的那個膽怯的自己，默禱一段充滿愛和鼓勵的祝禱文。

給總是依賴的你，祝禱文：

「親愛的小孩，你不用將自己縮得這麼小。你不用擔心，害怕有人會傷害你，你可以嘗試探出頭來，給這世界多一點信任。

你是你，如此獨特的你，你不用一直這麼無所依。你值得被尊重、被捧在手心疼，因為你不需要理由就值得被愛、被接受。**你不用將自己縮小，才能讓別人憐惜你，你也不用將自己擺得很後面，才仰望著誰會發現你。**

記得你是你，別再為難自己，你最該是被好好看見，去好好展現。不用擔憂、不用懼怕，你可以成為你自己。成為自己是多麼美好的一件事情，就像這個世界上擁有這麼一個獨特的你。你要記得，你不用待在誰身邊才能活，你可以從他人眼光認出自己，然後好好讓自己喜歡的那部分長大，不用壓抑、不用擔心，只要你說的、你做的、你愛的、你所活出來的，其實都是如此好看的。」

十三、自卑型

一講到錢，先生就抓狂

只要太太一不滿意他，他就會覺得「你看不起我。」「你在羞辱我。」

「你都不想想你爸這麼大年紀，又失智、又亂叫的，我們倆都有工作，要不要請外傭幫忙？」她一邊摺晾好的衣服，一邊與先生討論。

「請外傭要花多少錢？我們付得起嗎？大家分擔一下，日子不也能過去？」先生聽到要花錢，馬上板起臉孔。

「外傭一個月頂多花一萬多元。我們疲於奔命，又擔心爸沒吃飯……你真的覺得比較輕鬆嗎？」

不等先生回應，她又補了一句，「不過，如果你是擔心錢，我來付。」

一聽到這句話，他突然失控，大聲說：「你少在那邊借題發揮，說得我好像很無能。」

他最討厭別人在金錢的話題上讓他難堪。他從小就看著父母經常為錢吵架，當年父親失業在家，甚至還對母親大小聲、動手動腳。

他印象中的父親令他十分丟臉。他從小一方面慶幸自己和弟弟因為低收入戶的身分，可以讓家裡多點補助，但一方面卻又覺得在同學之間很沒面子。學校的作業只要與家庭關係有關，都讓他壓力很大。他常常粉飾太平，只為了不讓自己在同學面前抬不起頭。

長大後的他，雖然早已脫離窮困的環境，而且收入不錯，但是他心底仍然非常害怕別人瞧不起他，尤其當他面對太太的指責，那就像是直接踩中他心裡最敏感的那根神經。

諮商心理師這樣說：

他的自卑問題，大大影響他和太太的關係。

不斷失焦，陷入惡性循環

只要太太一不滿意他，他就會覺得「你看不起我。」「你在羞辱我。」「你在說我不夠好。」只是，當他心裡有這些聲音或做出言語反彈的時候，就容易又把事情的焦點模糊掉了。

他原本想要擺脫自卑，沒想到又反被自卑影響著。當他反彈，就又讓太太更看不起他。他一方面想要擺脫自卑，卻意外的因為自卑心態被引發，而與太太陷入不愉快。

家庭祕密帶來的傷害

對他來說，「父親的失能」是不能說出口的家庭祕密。他要偽裝一切沒事，家庭和樂，也唯有掩蓋一切，才能更顯得自己沒有問題，這一點，其實已經讓他耗盡心力，所以當這個祕密只要稍微一被碰觸的時候，他就像驚弓之鳥，即便是面對太太也一樣。

對他來說，他會覺得這個惡夢為什麼還沒有結束，除了從小因為家裡的狀況而感到丟臉，怎麼長大後，又還要因為爸爸的失智而付出更多的代價。他覺得自己的小心翼翼，自己的努力守住祕密，都被爸爸破壞著。

但他也覺得爸爸可憐，只是又不甘心自己被拖累著。**他死守著這個不能說出口的負擔，也漸漸變成一種自己出不去，別人也進不來的窘境。**

這樣的狀況，導致家裡關係變得很緊張，每個人都很緊繃。

他一方面想要開展自己的生活，卻在另一方面把自己綁住。他一直認為自己不可以被認為失敗、不可以被視為無能，他並沒有真正了解，這是「**自卑心態**」**夾雜著「想要隱瞞家庭祕密」所引起的羞愧感。**

擺脫父母婚姻關係的練習：

在家庭中，我們最主要的目標都是「保護自己」和「維繫關係」，只是**面對家庭中有不可說、不可言的祕密的時候，我們就容易變得警覺，以及過度反應。**

你知道你過度反應的來源嗎？是跟誰有關呢？他跟你的關係又是如何呢？

______。

這樣的過度反應，其實是你想要維護自己的哪一部分，以下請勾選出來：

□自尊心。

□面子。

□別被人小看。

□別被視為無能。

□別被認為不夠好。

□不因評價而受傷。

□被認可。

□被欣賞。

□我是出身於正常家庭。

□我個人沒有問題。

□其他＿＿＿＿＿＿。

這樣的過度反應，又是如何維繫住家人關係，以下請勾選出來：

□我們家沒有問題。

□我的家人不會因此受傷。

□我的家人不會被瞧不起。

□不想家人承受不好的眼光。

□我的家人不會被評價。
□我的家人不會被認為無知。
□我的家人不會遭受指責。
□我的家人不會被視為無能。
□其他＿＿＿＿＿＿。

隱藏家庭祕密的背後動機，一定有很重要的原因，促使我們努力去與外界奮戰。只是，當我們奮戰的同時，也會希望家人能對我們的行動有些理解，甚或是冀望家人也能站在同一陣線，有共同的意圖和目標，使得家人的關係更好。

只是這份想被理解的焦慮，一方面反而容易引發家人間更多的誤解，同時也因為過度小心翼翼，而促使彼此更不了解，這些都很可惜。所以，以上勾選的內容是讓我們**練習以「負責任」的態度，跟家人溝通我們的「原意」**。

以上述個案為例，他可以向太太說明：

「當你提到要將爸爸送去養老院的時候，其實我很緊張，你知道我跟爸爸有很多新仇舊恨，讓我們常常在提到他時，我的態度就變得很奇怪。其實，我因為他，而常提醒自己不能無能，不能被瞧不起。我也會告訴自己，我們家並不會因為他而變成有問題的家，更不會因為他而蒙受不好的眼光。所以，當你講到關於爸爸的問題時，我就會變得很激動。

也許，你建議的是怎麼做，可以讓我們更沒有負擔，而並不是要將爸爸有問題這件事情搬出檯面。我想也許我們可以討論該如何做（怎麼做）……」

或許你能參考以上的範例，想想容易讓自己跳腳的家庭祕密是什麼，而這個祕密又對你們的親密關係產生什麼影響或殺傷力。

請參照以上的範例，寫封信給親愛的○○。

Part2

為什麼另一半的地雷這麼多？

十四、拯救者型
成為第三者，原因是來自父母的婚姻？

夫妻關係不睦時，很容易讓孩子變成處理父母關係的救火隊。

「你到底什麼時候才要和她分手？你不是說跟她在一起很痛苦嗎？」她生氣地問S先生。

「時機未到啊，我跟你說，她的個性很盧。你再給我一點時間。」

他很想避開這個問題，但又深知已經拖了五年，他卻還沒辦法解決。

「給你時間？」她一聽到這句話，瞬間點燃怒火。

「你說她跟你鬧自殺，你離不開。你說你擔心她家人會怎麼看你，你說你一定會跟她講清楚，但都五年了啊……」她將自己的怨氣一口氣發洩了出來。

她生長在父母關係複雜的家庭。從小因目睹父母長期爭執，讓她內心裡的不安全感不斷滋長。後來她發現母親迴避父親的方式，就是不斷偷偷外遇，她卻又成為家裡唯一知道祕密，卻又不可說的那個人。

她一方面可憐父親被蒙在鼓裡，一方面卻又對母親不離開這段糟糕的婚姻關係感到生氣。這個生氣讓她決定自己以後一定不要陷入這樣的關係，她會努力尋找到真愛，而且一定會好好珍惜。

眼前的S先生難道不是她的真愛嗎？回想起來，一開始她被S先生吸引，竟然是因為S先生與她父母一樣，也陷在一段不快樂的婚姻關係裡。

她陪伴S先生，聽他訴苦，沒想到卻無可自拔地深陷其中，一步步邁入難以脫身的第三者身分裡……

諮商心理師這樣說：

在我常駐的Q&A專欄中，常常有讀者來信詢問，成為第三者的痛苦與無奈，以及該如何是好。男女皆有，他們共同的困境是進退兩難。

我們發現劈腿的人常會以「你走吧，獨留我痛苦就好。」「我其實沒有愛過她，但我就是捨不下。」這樣的低姿態，散發出一種「我見猶憐」的求救訊號，而這最容易獲得拯救者的目光和垂憐。

渴望被呵護、被照顧

但其實，拯救者出手相救的原因，除了是基於對求助者的憐惜之外，他們也往往渴望擁有被呵護、被照顧。當他們看見對方付出這麼多，卻得不到回報的時候，就不由得介入，最後反而讓自己也身陷其中。

以上述的她來說，她長年待在充滿無助的家庭關係中，充分感受到父母對彼此關係的攻伐。尤其，她的父母又是如此迴避彼此的關係，家裡的緊張感也隨著這種疏離而增加。

在這樣家庭氣氛中長大的孩子，他們常常在下意識中就擔負起「父母彼此無法親密」的責任。**他們認為父母的關係，他們也有責任。**

當她知道原來這不是自己不乖或做錯事，才導致父母關係不好時，卻又見到母親放棄對父親的冀望，而長年往外尋求慰藉，她一方面會感到矛盾，一方面也會感到憤怒。

從「一定要……」到變成逞強

當父母的關係出現問題，父母又沒有能力有效地處理時，年幼的孩子常會產生一種拯救者的心理狀態。這種狀態影響著他們的未來關係，那是「如果有一天我有能力了，我一定要……」，或者「如果有一天，我一定不要……」，**這種「一定要」或者「一定不要怎樣」的心態，到最後常演變成一種「逞強」的心理。**

這樣的心理狀態，內在語言包括：「我不准自己失敗」、「遇到困難，為避免丟臉，我盡量不尋求外援」、「好壞得失，我都自己承擔」，所以就更執著，而當別人勸退的時候，反而會因為逞強的心態，認為「我的判斷沒有錯」、「再多努力一點，應該就……」，這些「應該」的執著，將他們推入一個沒有退路的深淵。一旦愈執著，就會愈偏離一般人的狀況。

成為迴避愛情的幫兇

對上述的她來說，她很想獲得安全感，但在想獲得安全感的同時，**她原以為**

自己是S先生感情困境的拯救者，但最後卻意外變成「S先生輕鬆迴避現任感情」的幫兇。

她忘記了，當S先生愈對她投注感情，就愈能迴避他和另一半的衝突，甚至是S先生因為愧疚而更去彌補另一半。這種食物鏈迴圈，就是「A追著B，B回頭追著C，當A要離開，卻又得到B的憐憫」。

可是感情畢竟不是食物鏈，而是一種配對，當A追著B的同時，B更對C產生愧疚，如此一來，B變成了一種進可攻，退可守的雙重選擇。當A企盼B放棄C的同時，B是誰也不會放的，因為對B來說，三角關係是最平衡穩當的。

她從原生家庭所學來的感情觀，注定會以悲劇收場。因為，**感情的基礎是能夠安全地面對兩人關係**。無論對方的關係有多糟，都不足以變成她投身為第三者的理由。

無論對方與另一半的關係有多差，更不足以拿第三者來介入，以解決他和另一半的關係。因為這樣一來，即便第三者成正宮，也難免不會擔憂和對方起衝突之後，對方會不會再找另一個第三者來逃避彼此的衝突。於是，最想要處理問題的一方，就變成最無法解決問題的那個人。

擺脫父母婚姻關係的練習：

第三者的問題，是一種「信任感被破壞」的問題，更是「人與人界線被破壞」的問題。

界線，其實是一種規則，就像是我們之間有了婚姻契約而形成夫妻，夫妻之間有彼此分工的職責、親密的需求、責任和承諾，這是成為夫妻關係的條件和規則。相對的，在「親子關係」中，除了血緣的條件外，也有親子之間教養、撫育、情感回應，這就是親子關係形成的條件，親子之間也有所約束和規則。

不該讓孩子成為救火隊

在家庭中，尤其是「父母關係」的界線被破壞時，常會造成家庭的不安和動盪，更影響孩子的發展。夫妻界線的模糊感，更容易讓孩子變成處理父母關係的救火隊。

每個孩子使用的方式不同，**有些孩子會不斷生病，有些孩子會不斷出狀況，**

有些孩子會過度早熟，成為父母的小幫手，有些孩子則是在家裡永遠失去自己的意見，有些孩子是過度追求成就，只為了讓家人放心。另外，有些孩子更可能學會用奇怪的方式，去證明自己值得被愛、證明自己永遠不會被拋棄，進而遊走在關係中界線模糊的危險邊緣，而不自知。

破壞界線，嚴重影響彼此關係

在我處理的個案中，常會聽見「我愛我女兒，勝於我老婆。」「爸爸只愛跟你出去，媽媽不重要。」「只有哥哥最聽得懂媽媽講的話，爸爸都不知道在幹嘛。」這也是種界線的破壞。

在伴侶關係中，我們也常聽到男生提到「和前女友的感情像家人」，或者女生說「前男友像我哥哥一樣」這樣的模糊說法，對於關係的態度，遊走在保有前段關係和現任女友的模糊地帶。

在你的經驗裡，是否也曾經落入這種「我和你」、「你和她」或者「父母與孩子」界線不明的狀況呢？讓我們看看重要的關係裡，我們彼此的位置和界線。

步驟一：依據奧爾森（Olson）的理論，將家庭關係中的界線型態，分成以下三種：黏膩糾結型、疏離鬆散型、平衡適中型。

※**黏膩糾結型**：屬於較為強勢，會容易造成彼此的壓力和負擔，也是關係中最容易導致彼此有罪惡感，卻最不准對方有自己空間的一種。

他們常常會說：「沒有你，我怎麼辦？」這類的話。但這樣的關係很容易被外界入侵，因為這種相處模式會造成彼此很大的壓力。

※**平衡適中型**：最為彈性適中，且較為健康。他們允許彼此自主，可以親密，但又不會過度干涉，是讓彼此都擁有「尊重」空間的成熟關係。

※**疏離鬆散型**：雙方都容易戴著防護罩，不容易跨越那一條彼此已經不相往來的鴻溝。

步驟二：你想要鎖定哪些關係呢？例如：前男友、母親、祖母，還是你和兒女的關係。請你挑選一段關係，並且在一三八頁的表格上寫下自己和這段關係的型態。

我們無法拯救任何人

建議你可以從列出的這些關係中，看出你與這些人的親疏遠近，並且從中了解自己和對方的相處類型，也從中了解這些關係對你的影響，以及為何你要選擇以這樣的方式和對方互動，這對你的生活造成什麼影響。**如果你可以選擇，你會怎麼調整彼此的關係，讓你較為舒適、自在。**

對象一	他們的關係是	對象二	對你的影響是：
我	□黏膩型 □平衡型 □疏離型	男友	
我	□黏膩型 □平衡型 □疏離型	母親	
	□黏膩型 □平衡型 □疏離型		
	□黏膩型 □平衡型 □疏離型		
	□黏膩型 □平衡型 □疏離型		

另外，**你也可以檢視父母以及祖父母之間的關係型態，並且對應到自己，你們是否有相同或相異之處**。

最重要的是，我們要保持覺察。如果，我們小時候的願望是希望拯救父母，但其實真實的狀況是，**我們沒辦法拯救任何人**。

這不是一個令人洩氣的發現，而是我們應該先把自己照顧好，**唯有把自己照顧好，才可能與身邊的人經營出一段夠好的關係**。

十五、影射型
太太話都不講清楚，我只能用猜的

她交往的對象都比較溫和，因為她無法接受像她爸爸一樣，會幼稚甩門而出的男人當伴侶。

「哥哥，快來吃飯，你是要我講幾次啊？」

她一邊切蒜頭，一邊喊兒子吃飯，一邊還順手簽了孩子的學校聯絡簿。

「動作快一點，成天只會打電腦，飯是都不用吃嗎？」

兒子一聽，心不甘情不願地上飯桌，但他知道，媽媽是在唸爸爸，因為不是他在玩電腦。

「吃飯前，桌上的東西是不會先收一收嗎？別像你爸長這麼大了，習慣還這麼差。」兒子覺得自己有點倒楣，但他還是配合地收拾了一下，同時還瞄了爸爸一眼。

她先生身為公司的小組長，平日工作就很忙，有時候半夜還在回信，但即使她已經把話說得這麼白了，她先生卻仍然頭也不抬一下。

諮商心理師這樣說：

相信像這對夫妻這樣陷入溝通困境的伴侶，很多人都不陌生。無論是鄰居、朋友或你自己，很多人的家裡就是這樣。當爸爸愈沉默，媽媽就愈瘋狂；當爸爸愈計較，媽媽就比較好說話。這是比較出來的，也是家庭補位出來的結果。

女兒複製起媽媽的角色

上述例子裡的太太是在一個常常爆發衝突的家庭長大，她因為從小就看到太多的爭執與吵鬧，所以她非常害怕衝突，於是漸漸地，想迴避衝突的她，學會用影射的方式來表達。她認為這樣的表達方式最委婉，也最能避免衝突。

一直以來，她所交往或挑選的對象，脾氣都比較溫和，畢竟她再也無法接受一個像她爸爸一樣，會幼稚甩門而出的男人當伴侶。

她原以為她的惡夢早已終結，可是當她看見先生對她毫無反應時，她就又好像看見童年時那個沉默寡言，卻隱藏怒氣的爸爸，而當她先生愈是不理她，她就愈惶恐，她自己也就愈來愈像當年那個緊抓住爸爸不放的媽媽。

當她意識到這一點，她的嗓門就拉得愈高。就在那一瞬間，她也就變成當年那個她最不認同，也最不可理喻的母親。

愈不理太太，太太愈抓狂

精神分析師梅蘭妮・克萊恩（Melanie Klein）曾提出「投射認同」的觀點，當上述例子裡的**先生愈不允許自己有情緒，某個部分的他，卻會將「情緒的需求」投射到太太身上。**

當太太因為先生的冷若冰霜而苦惱的時候，就容易用情緒化的方式「表現出來」給先生看，先生看了會覺得不舒服，因為那是他壓抑掉的一部分。**他擔心看見情緒就會失控，所以他不但壓抑自己的情緒，他更不能看見身邊的人情緒化。**

因此，他愈是不理太太，或認為他不理太太，太太自然就可以冷靜下來，但其實太太只會愈加激動。

這種狀況，家裡的氣氛只會愈來愈糟，不但把孩子也捲進去，夫妻兩人也會覺得彼此都很受傷。

情緒不能防堵，只能疏解

我們每個人都會有情緒，情緒不能防堵，只能疏解。當她的成長環境讓她學會用影射來表達事情時，這在溝通上卻往往出現反效果。因為被影射的人通常心裡會是不舒服的，建議不妨試著說出自己的想法，或說出自己的期望，這也才能達到溝通的目的。

擺脫父母婚姻關係的練習：

我們每一個人都無可避免的受到原生家庭的影響，我們也非常容易將原生家庭的習慣，自然而然地帶到你現在的婚姻狀況裡。

請回想你童年時，你的「家庭氣氛」如何？是會感受到拘謹與有壓力？還是很放鬆、自在與快樂？又或是有些緊張？甚至是動輒得咎？請回想一下，並依照下列步驟畫下來：

步驟一：請想像一件你們家人之間最常做的事情，並把這個畫面畫下來。若覺得有些困難，請想像你們家人一起在客廳聊天或看電視，並畫出客廳裡有幾個人。

步驟二：他們各自在做些什麼？他們臉部的表情是什麼？

步驟三：快問快答時間：

1. 基於他們的臉部表情，他們現在是什麼心情？
2. 這是他們平常互動的樣子嗎？還是你想的？
3. 以爸爸為例，通常，當爸爸有＿＿＿＿的反應，你們各自會怎麼應對？例如：爸爸罵人的時候，姊姊會先躲起來，我會很緊張，媽媽則是先安撫爸爸，要他先冷靜一下。再例如：爸爸開心的時候，媽媽會吐槽他，姊姊會唱反調，我則是跟著高興等。
請寫下當你們家人面對高興、生氣、悲傷的事情時，家人各自的反應為何。
4. 這樣的家庭經驗，你會形容你們家的家庭氣氛是：＿＿＿＿。
5. 假設你有機會組成自己的家庭，你會希望保留家裡的哪些氣氛？

或增加哪些氣氛？＿＿＿＿＿＿＿＿＿＿＿＿＿＿＿＿＿＿＿＿。

＿＿＿＿＿＿＿＿＿＿＿＿＿＿＿＿＿＿＿＿＿＿＿＿＿＿＿＿＿。

請在下方畫出你理想家庭的樣貌，並和你的另一半分享。

你的家庭氣氛和另一半的有何相近或相異之處，你們會怎麼保有或增刪這些氣氛？這對你們來說的意義是什麼？＿＿＿＿＿＿＿＿＿＿＿＿

＿＿＿＿＿＿。

童年時的我們，對於大人的給予，只能全然接受，包括他們在爭執或吵鬧時，我們感受到的惶恐與驚嚇。大人當時不懂需要安撫我們，或告訴我們發生了什麼事，**於是那份惶恐與驚嚇，就在我們心裡生了根。**

但現在已經長大的你，其實是有能力回頭去照顧當年受惶恐與驚嚇的自己，
就從這一刻開始。

十六、強勢型
所有的事，都太太說了算

她的心裡充斥著無數聲音，例如：「你不能懶散，不然你的生活會垮掉。」

「把精力湯喝了，再出門！」她一邊收拾自己的公事包，一邊提醒正要出門的先生。

「我現在不想喝！」先生的語氣明顯帶著一絲不悅。

「我是為你好，精力湯對身體很好，你為什麼總是不聽？」她語氣有點著急。

「我很不喜歡你這種態度，好像凡事都你最對一樣！」先生衝口而出。

聽到先生這樣說，她愣住了兩秒，接著，她把桌上的精力湯全部拿去倒掉。

「你幹嘛把它倒掉，很浪費！」

「我就是要讓你知道，你沒得選，只能聽我的。」太太將門用力甩上，拿起公事包往外走。

先生生著悶氣，怒沖沖地離開家。他一臉漲紅，但心裡卻涼颼颼。他知道太太關心他，可是那樣跋扈的態度，誰受得了呢？他要如何相信太太是為他好，而不是只想控制他？

在她趕著搭公車的路上，她忍不住掉下眼淚。她很生氣，但這生氣其實是一種無助。

從小，她如果哭，是會躲起來的，因為她覺得哭是懦弱的行為，所以她不准別人看見。一旦被看見，她就覺得自己跟懦弱的母親一樣。

她的母親總是被父親欺侮，並默默忍受著。面對父親的暴力相向，母親非但沒有離開，還一肩扛起三個小孩的生計。

在家裡的經濟陷入困頓時，母親總是低著頭，跟親朋好友借錢，母親到處求人，卻也處處碰壁。母親的苦苦哀求，她覺得很丟臉。「我不准自己變成母親那副模樣」，一想起這句話，她馬上收起眼淚。

諮商心理師這樣說：

她的童年經驗，讓她決定將自己脆弱的一面隔絕在外。因為，當她看見自己脆弱的時候，她覺得那就是受了母親的詛咒或遺傳。

她決定要很強勢地過生活，這讓她在職場上，成為值得依靠的稱職主管。權威的她，不但做到公私賞罰分明，也讓屬下對她崇敬不已。她鐵面無私，要求幹部每個人都要為自己的選擇負責。

她內心裡的權威感，是來自於童年的痛苦。對她來說，唯一終止痛苦的方式，就是「強勢取得資源，選擇更好的生活」。她實在太害怕再度落入童年的痛苦，她要脫離「人生失敗組的魯蛇命運」。她要脫離那種被欺侮，畏首畏尾地被壓迫著、難堪不已的生活。

所以，先生的反彈就更激發她的權威性格。我們可以理解的是，當權威帶給她十足的權力感時，她就失去了彈性。而**當她在親密關係中，選擇披上一層權威的外皮時，她不准先生唱反調，也希望自己的好被接受，但當她一這樣做，反而離先生愈遠。**

她不但無法面對被拒絕的羞愧，更無法面對害怕失敗的自己。

一刻都不得鬆懈的她

當先生拒絕她，她內心裡的惡夢就產生了，「你看他這種態度，證明我是不值得獲得幸福的」，而當她這麼一想，內心裡的權威感又化身成警鈴，對自己說：「就算你再害怕都不能被看穿，知道嗎？一旦被看穿，就更沒有人要你了！」而當她感到疲憊，心裡的聲音又告訴她：「你不能休息，你要警覺著誰還會來傷害你。」「你不能懶散，不然你的生活會垮掉。」

這些聲音充斥著她的生活，幫她克服生活中的波瀾，卻也帶給她極大的壓力。她的心裡不是沒有掙扎，只可惜她更害怕墜入童年的痛苦裡。

當我們覺得她實在有些壓迫與不近人情時，我們必須先理解，其實每個強勢的人，背後都渴望著強烈的親密。她愈強勢，愈是想掩蓋內心最深的脆弱與無助，以及對愛的渴求。

她因為童年的境遇，而讓她覺得必須全面操控自己的人生，她也以這樣的方式對待另一半，但另一半畢竟與公司的同事不同，公司的同事或許不得不聽命於她，但另一半希望的往往是更多的尊重與平等的溝通。

擺脫父母婚姻關係的練習：

在重要的關係中，你生活中最常出現的樣子是哪些？請你依照不同的樣子，在下方的表格中，寫下三個以上的形容詞，並且參照以下的提醒，寫出你生活中最常出現的樣子。

例如：

強勢的（我是對的），
指責的（是你的錯），
無所謂的（那又如何），
權威的（我總是知道），
受害的（我是被犧牲的），
自卑的（我是不重要的），
自信的（我認可我自己），
愛自己的（不管怎樣，我都愛自己）。

朋友	好朋友	家人	姻親	寵物	其他（……）

這些角色各占你生活多少比重？請在下方的圖中畫下來。

什麼角色占你的生活最多？

＿＿＿＿＿＿＿＿＿＿＿＿＿＿＿＿。

這個角色是怎麼發展出來的？

＿＿＿＿＿＿＿＿＿＿＿＿＿＿＿＿。

這個角色背後的痛處是什麼？

＿＿＿＿＿＿＿＿＿＿＿＿＿＿＿＿。

你對自己的新發現為何？

＿＿＿＿＿＿＿＿＿＿＿＿＿＿＿＿。

記得，就算沒有人懂你為什麼決定將這些角色加入生活中，或者為什麼要這樣分配生活，**你都要先理解自己的這些作為。**

唯有理解，才能貼近自己的內心，也才能「愛自己」。因為，「愛自己」沒有

這些角色各占你生活的比重如何呢？

範例

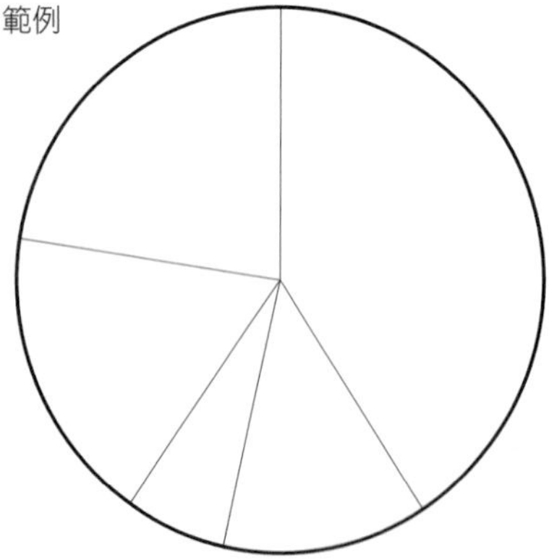

你的：

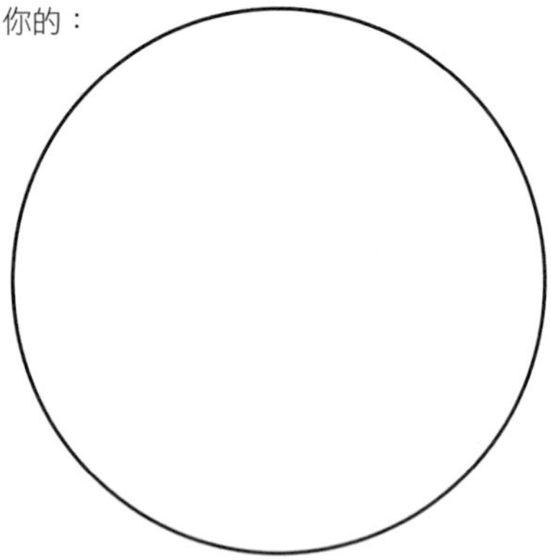

任何人可以替你完成，唯有「愛自己」，才能愈來愈靠近你想過的生活。

童年時，因為對父母的愛的不足或缺憾，反而成為一個人工作上的一大助力，讓他在職場的表現可圈可點，或許長大了的他，能試著不埋怨父母，因為我們都承接了父母所給予我們的種種特質。我們可以做的是去釐清我們身上的哪些特質，我們想留下，而哪些特質，我們想丟棄。

十七、罪惡感型
先生都站在婆婆那一邊

頂替爸爸的位子，是他在爸爸過世後，照顧媽媽的方式，也是他對爸爸唯一的紀念和連結。

「你媽媽的潔癖太嚴重了，只要有一點點髒，她就唸個不停，我實在受不了了！」

這不是她第一次抱怨婆婆，但先生這一次卻很嚴肅地對她說：「你就不能多多體諒我媽一些嗎？她一個人把我帶大，很辛苦。」

「我知道她很辛苦，我也知道你很孝順。但是，這是我們的婚姻，你為什麼總是犧牲我呢？」

小學五年級時，他的爸爸過世，從那一刻起，在家中排行老大的他，就開始學會照顧弟妹及媽媽，甚至當他在學校不夠乖，被老師寫在聯絡簿上時，他會有很深的罪惡感，他下意識不由自主想著：「都是我，又讓媽媽傷心。」

在爸爸過世後，媽媽變得很愛收拾東西，也很勤於打掃家裡，彷彿家裡容不得一點點髒。媽媽總是很堅強地告訴他們，即使爸爸不在，她也會好好照顧他們，什麼都不需要擔心，但他卻常常看到媽媽背著他們偷偷掉眼淚。那時，他就在心裡告訴自己，只要他長大，就不會再讓媽媽掉淚。

媽媽辛苦帶大他是事實，他沒說錯，但他也愛著太太，這該怎麼辦？

諮商心理師這樣說：

在一個家庭裡，如果父親過世，往往就由母親一肩承擔起家計和管教孩子的責任。而在這樣家庭結構裡的男孩子，很容易就取代了父親的角色。上述例子裡的他，就**將自己失去父親的難受擺在一邊，獨自承擔起母親的傷心**。

對他來說，在心理位階上，他已經跟母親結了婚。他不准自己像個孩子、不准自己有怨言、不准自己難受，當然更不准任何人埋怨母親。

在此同時，他迅速將自己拉拔長大。於是，他也希望太太也無所作為，任媽媽予取予求，因為他當年就是這樣讓自己快速長大。

也許，**頂替爸爸的位子，是他在爸爸過世之後，照顧媽媽的方式，也是他對爸爸唯一的紀念和連結**。但他也別忘了，自己現在還有「丈夫」的身分，他對太太也是有責任的。

擺脫父母婚姻關係的練習：

步驟一：在你的家庭中，曾經有什麼樣的遺憾經驗？

例如，爸爸、媽媽長年不在你身邊，你們聚少離多；爸爸、媽媽其中一人生重病，而另一人需要照顧對方，所以你從小就學會打理自己的生活；父母離異或自己是私生子……

______________________________。

步驟二：想一想，你怎麼面對這些遺憾？例如，從那時候開始，我就不喜歡長大的感覺、我就不准自己快樂、我要以別人的事情為重……

從那時候開始，我決定要______________________________（當年的人生信念）

從那時候開始，我決定要＿＿＿＿＿＿（當年的人生信念）

從那時候開始，我決定要＿＿＿＿＿＿（當年的人生信念）

步驟三：請你面對這些決定，並重新想想現在＿＿歲的自己，和當年＿＿歲的自己有何不同。例如，組織了自己的家庭、有過幾段戀情、對於人生感到茫然……

請寫下十項以上與當年的不同之處。

＿＿、＿＿、＿＿、＿＿、＿＿、

＿＿、＿＿、＿＿、＿＿、＿＿。

請以第三者的視角，看看以上的不同之處，是否有機會重新做決定？

建議可以改變如下：＿＿＿＿＿＿。

在我們小的時候，家庭的某些變故，常常會帶給我們決定人生的一些信念，或者我們會認為人生就是如何如何，我們應該要如何如何等等。這些信念明顯影響著我們的生活與生命，但我們忘記了，**信念其實是需要隨時空調整的**。

因為當信念一僵化，我們往往會以為自己沒得選擇，所以請好好靜下心來思考，你會發現，雖然有時原生家庭的包袱很沉重，也讓我們在其中受傷、痛苦，或感到孤單與絕望，但現在已經長大的你，是有能力回頭省視，而且擁抱住童年傷痛的自己。**你有能力，也有力量給自己愛，並走出新的路。**

十八、上緊發條型

每天生活都像打仗

她的人生，沒有「放輕鬆」三個字，但，當她看到先生一派輕鬆時，她卻渴望與羨慕。

「真沒想到，我們的婚姻會走到今天這一步啊。」她顫抖著在離婚協議書上簽下自己的名字，她的聲音無法掩飾著哀傷。

原本自信高傲的她，從沒想過自己會在婚姻裡跌如此重重的一跤。

不過，這些哀傷，對於她先生來說，卻是只感受到終於解脫般的如釋重負。

其實，他們也曾經談論過，為什麼明明是相愛的彼此，在婚姻路上卻走得如此辛苦。先生認為是她凡事太過緊繃，沒有彈性，絕對理性。這些都像炸彈般，一步步引爆他們的婚姻。

從小到大，對她來說，她最在乎與重視的是「她的人生絕對不能有失誤」，無論是讀書、工作，她總是出類拔萃，贏得無數的掌聲。但在這些掌聲背後，卻是從最深的遺憾出發。

小學五年級時，她父母離婚。不但最疼愛她的爸爸沒跟她說一聲再見就離開家。頓失依靠的她，還得打起精神，照顧傷心不已的母親。

在那些日子裡，她不但要應付功課、應付生活，還要應付母親對生活的無望，以及對父親的怨言。母親無止境的發洩，對當年才小小年紀的她來說，實在太沉重。

從那時候起，她就希望自己成為一個理性的人，而她的人生，也絕對不要再有意外和失控。於是，她選擇了一個對她來說「成熟穩當」，與當年父親不同的男人結婚，但卻沒想到……

諮商心理師這樣說：

每一個離婚的家庭，都各有不同的樣貌，但都會對孩子的心理帶來非常深遠的影響。

父母離婚，孩子可能產生的情緒

當孩子面對「爸爸（媽媽）去哪裡了？」這類的話題，如果父母沒好好與孩子溝通，孩子在內心裡又無法解除這個疑惑，可能就會有以下幾種情緒：

1. 自責：是不是我做錯了什麼？

2. 悲傷：他們是不是不要我了？

3. 生氣：為什麼我要被迫接受這樣的結果？

4. 遺憾：我都還來不及跟他（她）說……

如果孩子在心裡累積這些心情到某個程度，無法消化，就可能會變成孩子心中某個重大的決定。

當然，大人也不應該對孩子說：你媽媽不愛你了，或，你爸爸不要你了，這類型充滿傷害性的言語。

人生是拉到最緊繃的橡皮筋

以上述的例子來說，對她而言，當她看著父母的爭執和失敗的婚姻，她就決定從此不要脆弱、傷心與眼淚，她要堅強、獨立。她也不要受任何事情與任何人的影響，只有她，能決定自己的感受。她就像是拉到最緊繃的橡皮筋，不放過自己，也不放過別人。

在她的人生中，沒有「放輕鬆」這三個字，但弔詭的是，當她看到先生的一派輕鬆時，她的心底深處是渴望，是嚮往，是羨慕。

擺脫父母婚姻關係的練習：

我們每個人都會從家庭中遭遇到很多事，例如：疼愛我們的長輩過世、父母有外遇對象、父母離異或是家道中落等等，這些事都可能讓我們對生活有了一些「決定」。

這些決定是什麼？你的生活又如何被這些決定影響或形塑。

步驟一：請回想，並依照直覺，記錄下你人生中起伏的時刻，並在一六三頁的右圖中畫下來（上述例子的她，即為一六三頁的左圖）。

步驟二：請將經歷這些事件後，你所做的人生決定寫下來。

例如：因為父母離異，所以決定要好好管控自己的人生，別再生變數，從此很理性、緊繃地過日子。

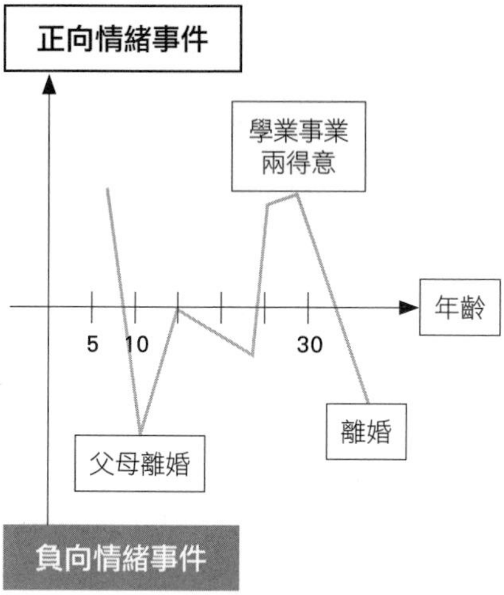

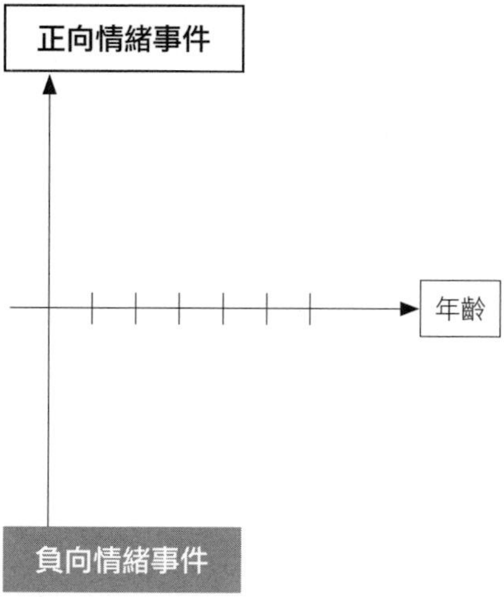

1. ________：我決定________。

2. ________：我決定________。

3. ________：我決定________。

4. ________：我決定________。

步驟三：請檢視這些決定，是否符合現在你的需求，有哪些可以修正。

我今年____歲了，我打算保留以上第____項，刪除________，並增加……

1. ________：我決定________。

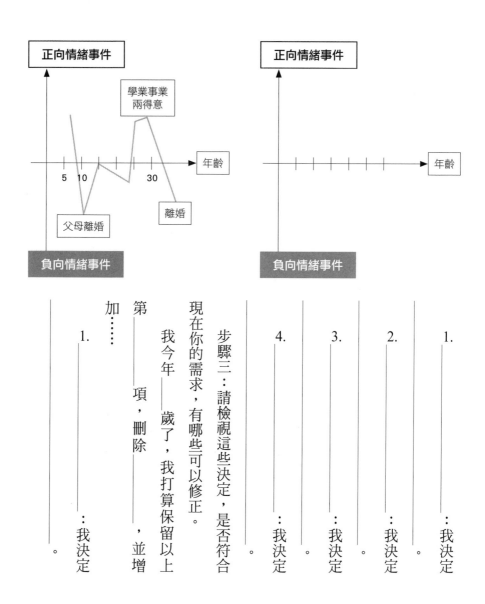

2.________：我決定________。

3.________：我決定________。

我們無法選擇自己的父母，也無法改變過去我們跟他們的關係，但是我們可以做的，是去修復過去的傷口，並且回頭愛自己。當我們能愛自己，也才有能力愛別人。

十九、自憐型
我真歹命，嫁給這種人

他們要怎麼捧著這份破壞的信任，重新一片一片修補回來？

這對夫妻來諮商時，她像洩了氣的皮球，但說起話來卻忿忿不平。

「我怎麼這麼可憐，嫁給他這個沒用的人，我的命好差⋯⋯」當她這麼說，先生的頭愈來愈低，甚至埋到抱枕裡了。

我問先生：「你太太說她因為嫁給你命變差了，怎麼了嗎？」

先生不發一語，太太看先生沒反應，急得跳腳，連忙說：「敢做不敢當，你自己跟心理師說啊！」

好不容易，先生終於慢慢吐出一句，「她講的都對！都讓她講就好了……」

原來，他和太太結婚第五年時，先生外遇，對象是他的初戀女友。太太表示自己從頭到尾都只是被擺在第二位，因為先生一直割捨不下她。

期望守住婚姻的太太，千方百計想讓先生放棄這段感情，但是早在他們交往到結婚的這十幾年裡，太太就已經面對這樣的窘境好幾次了。

她無法理解，為什麼一向溫吞、心軟的先生會這樣對她，這樣一而再，再而三的出軌。

她流著眼淚說自己為了喚回先生的心，還去整容，但如今她只感到自己沒有任何價值。

她來自一個經濟困頓的家庭。身為大姊的她，除了要打工，幫忙家裡外，父母也常因為金錢爭執不休，甚至媽媽還為此離家出走了好幾次。

長大後，她非常渴望幸福眷顧自己，她不要讓自己的婚姻再度落入父母為錢爭吵的模式。

她的先生明明孝順、溫柔又負責任，但為什麼就是無法放下初戀女友呢？

諮商心理師這樣說：

在台北市政府社會局「九〇年代全國婚姻外遇現況調查報告」裡，指出「國內高達四分之一的已婚者擔心另一半外遇」。**如果在現任關係中找不到親密的連結，就容易過度理想化前任伴侶或其他對象，這在婚姻關係中並不少見。**

她的擔心其實是有道理的，他們的關係在婚前幾次傷痕累累中，已讓她將希望完全投注在婚姻的契約裡，沒想到仍然屢屢失望。再加上童年的成長經歷和長大後的戀愛經驗，都讓她覺得自己不被重視，永遠被放在次要，她找不到自己的價值在哪裡，她怎能不自憐。

然而，**當她愈是焦慮，愈是想緊緊抓住先生時，先生卻愈想逃避，愈不敢回應。**雖然先生一再保證，從此不再犯，但他的肢體語言卻又顯露出隱約的不滿，這不但更造成她的不安，也讓她無法相信先生。

愈是想隱瞞對對方的不滿，衝突機會愈高

奧勒岡大學曾經對「婚姻不幸福的夫妻」進行一項「欺騙攝影機」的研究計

畫。他們邀請了一些在婚姻中時常有衝突，或感受到婚姻壓力的夫妻進行研究。研究計畫的內容為：他們通知這些夫妻將獲得一筆鉅款，然後在一旁觀察的研究者以文字，加上錄影，來記錄這些夫妻的互動與反應。

當研究者只看這些文字紀錄的時候，會認為這些夫妻充滿尊重和愛意，但如果看錄影帶，就會發現他們的語氣和表情，在講那些幸福話語時，其實言不由衷。雖然他們嘴巴上說「都聽你的」、「你說了算」，但表情卻洩漏出不滿及敵意。

當一對夫妻處於高壓的情境時，常會想隱瞞自己的敵意，但通常他們都能感受到彼此的不滿，於是更加深衝突或冷戰的發生。

修復自己內心的傷口

伴侶間的口語和非口語傷害，其實無所不在，但最根本的是，對她來說，這份信任早已破壞。他們要怎麼捧著這份破壞的信任，重新一片一片修補回來？

對她來說，**無論是選擇離開先生，還是留下，她需要去正視、面對與處理的是她童年時候，關於愛的缺憾。**不斷緊緊抓住搖搖欲墜的婚姻，並不能真的讓她幸福。唯有去修復自己內心的傷口，她才有機會擁有她長久渴望的幸福。

擺脫父母婚姻關係的練習：

根據德州大學哈德森（Ted Hudson）的一項指標性研究指出，**婚姻失敗的原因不在於爭吵的次數增加，而是在於愛意和深情的互動愈來愈少。**

情緒取向治療大師蘇珊・強森（Sue Johnson）也指出，「缺乏情感互動」比爭吵的頻率更能預測出婚姻經過五年後的穩固程度。婚姻的終結始於熱情的親密互動變少，「爭吵得多嚴重、強度有多強」已經是後來發生的事情了。

請檢測你和伴侶的關係，請將符合你們現在關係的寫「〇」，不符合的寫「X」。

1.（ ）我們之間很少肢體接觸。
2.（ ）我常不曉得他到底要什麼。
3.（ ）我害怕和他上床。
4.（ ）我和他的交談常只有生活上的瑣事。
5.（ ）我和他爭吵，但不太會去了解背後的原因。
6.（ ）我們之間很少會分享彼此的心情。
7.（ ）我要防著他，以免他來干涉我要做的事。

8.（　）我和他之間很多事情都只是責任和義務。
9.（　）我有時候會不能確定他的心意是什麼。
10.（　）我們之中有衝突，常常會有其中一方感到委屈。
11.（　）我和他溝通時，常常要把話吞回去。
12.（　）我和他之間常有說不開的埋怨。
13.（　）當另一半不在身邊的時候，我會覺得鬆一口氣。
14.（　）當我們有爭執的時候，我就想把感覺關起來。
15.（　）我不覺得我們之間的地位是平等的。

若有七題以上是「〇」，代表你們的情感存摺愈來愈薄，那麼就需要增加彼此的愛意和理解，才能為這份關係加溫。

你也可以請另一半測試，了解他對於你們目前關係的感受，或聊一聊對於彼此的關係上，你們彼此在意的重點是哪些？該怎麼做會比較好？

你最在意的是＿＿＿＿＿＿＿＿＿＿。

你的另一半在意的是＿＿＿＿＿＿＿＿＿＿。

你們要怎麼做？＿＿＿＿＿＿＿＿＿＿。

二十、疏離型

孩子明明還很小，太太就實施鐵血教育

當先生指責太太的教養方式時，先生其實是焦慮孩子會不會覺得自己不被愛，或被愛不夠。

「孩子才讀國中，你就要他自己每天洗衣、拖地、洗碗，是不是太誇張了啊？」晚飯後，她叫孩子洗碗，先生忍不住發難。

「這時候不訓練，什麼時候要訓練？他未來遲早都要靠自己啊！」

「可是，你從他讀小二就不接送，小三開始就訓練他自己搭高鐵往返北高，參加夏令營，這也太過火了吧？」先生有點惱怒，她卻聽不進去。

「我還是認為很多事，他應該要自己解決，總不能一直靠我們吧？」

他們已經不止一次為孩子的教養方式爭執，其實先生也覺得太太的話不是完全沒道理，畢竟在高度競爭的現在，提早讓孩子獨立，並沒什麼不好。只是當他看著孩子時，心裡忍不住想，孩子會不會覺得他們根本不愛他。

她從小在一個家人關係疏離的環境中長大。父母每天為了三餐奔波，根本無暇照顧她，雖然她的課業表現很突出，但每次拿到好成績或獎狀，父母也沒有特別的反應，因此她很早就學會照顧自己。她覺得凡事只能靠自己，也只有靠自己，最穩固與牢靠。

她一直覺得全世界的家庭應該都跟她家沒什麼不同，直到她遇上先生。她先生的家人之間關係非常緊密，而在他們剛結婚時，兩人的相處並沒有什麼問題，一直到後來生下兒子，太太對於訓練兒子的堅持，讓他們之間衝突不斷……

諮商心理師這樣說：

很明顯，她是來自於疏離型家庭的孩子。疏離型家庭最典型的是，家庭成員間彼此的連結性不高，通常家庭能給予彼此的支持和支援較少，但阻礙和困頓也相對較少。

當先生指責，他的心裡其實是焦慮

根據研究，**「疏離型家庭的孩子」很容易與「家庭成員間過度緊密型的家庭成員」互相吸引**。對他們來說，緊密家庭可以彼此提供支持、支援，是他們過去所不曾擁有，但內心相當渴望的。

而對於緊密型家庭的孩子來說，家庭成員間彼此的互相依賴，伴隨而來的親近感和罪惡感有時也較高，所以他們有時會羨慕「疏離型家庭的孩子」，所以當疏離型和緊密型家庭的孩子相戀、結婚，就容易形成互補型的夫妻模式。

以上述個案為例，當先生看到太太這樣教養兒子，他的生氣與指責，背後其實是著急與焦慮。他著急與焦慮孩子會不會覺得自己不被愛，或被愛不夠，而太太則是覺得先生是在阻礙孩子獨立，讓孩子沒有競爭力。他們的出發點，當然也都是受各自的原生家庭所影響。

教養孩子，夫妻必須先有共識

彼此成長的方式不同，所認為的教養方式也不同，他們各自都忙著想把自己成長過程的成功模式套在孩子身上。但教養孩子，父母必須先有一定的共識，這份共識來自於彼此的溝通，以及了解彼此都是為了孩子好的心意。

另外，太太可以選擇去修補自己童年時對於愛的缺乏，而非無止境的要求或訓練孩子，因為**必須先有愛，才能教**。孩子得先感受到你的愛，也才能體會父母為他好的那份心意。

擺脫父母婚姻關係的練習：

你的原生家庭家人之間的互動是緊密？還是疏離？邀請你的另一半，共同勾選以下的題目。

你 伴侶

□ □ 我們家人之間常保持聯絡。

□ □ 家人出遊，我會開心參與，但如果無法參與，也不會勉強自己。

□ □ 家人的事，我會關心，也會一起協助解決。

□ □ 我會主動打電話給爸媽。爸媽對我的叮嚀，我會感到溫暖，而不會覺得壓力很大。

□□ 我們家人之間可以直接溝通，不需要第三人傳話。

□□ 我們家人之間，無論什麼事，都可以直接分享。

□□ 如果沒有回家，家人會體諒我的狀況，不需要特別找理由。

□□ 我說話會考量家人的感受，不讓家人受傷。

□□ 我說話可以直接表達，不需要用比喻或影射。

□□ 我可以在家裡自在表達。

□□ 我會關心、顧慮家人的需求與反應。

以上的問題是關於你和家人之間的互動關係，你可以在勾選自己的答案之後，將答案蓋起來，再請另一半勾選他和家人的互動。

這份練習，可以讓你們了解彼此原生家庭的不同處或相同處，以及如何因此影響到你們之間的關係，你們也才有機會營造出更良好的相處。

來自於疏離型家庭的孩子，他們通常對於愛是陌生的，因為**他們過去關於愛與被愛的經驗太少，所以他們有可能不懂得愛，也不懂得付出。但付出愛，可以學習與練習。**

二十一、永遠不夠好型

先生不斷嚴格要求學琴的孩子

當他看見兒子沒能晉級，他就感到十分挫敗，因為他將孩子的表現視為自己的表現。

「你的鋼琴級數一直沒辦法晉級，是你程度不好？還是練習不夠？」先生在書房不斷叨念四年級的孩子。

太太看到這樣的情景，忍不住說：「我覺得練琴是練練興趣就好，為什麼一定要每天練習，弄得像學科一樣？這樣興趣通通都被你磨掉了？」

「練興趣？花了那麼多錢也學不好。看看我們當年，連學都沒機會。他現在有機會學，還不惜福？」他帶點怒氣的回擊。

太太終於忍不住了，「為什麼每次一講到孩子的補習，你的反應就這麼大，都沒辦法好好溝通？」

小時候的他，對許多事情都有興趣，但因為家境困頓，沒機會學。他念專科那一年，父親過世，他只好半工半讀完成學業。

他永遠記得母親來參加畢業典禮那天，一臉愧疚地對他說：「是我沒能力，辜負你的才華，也讓你吃苦了。未來進入社會，就靠你自己了。」從此，他將母親的這份叮嚀，牢牢銘刻在心裡。他不但創立公司，在婚後，更一心想好好栽培兒女。

但沒想到，他所看到的，全是孩子的「不惜福」和「不努力」。

諮商心理師這樣說：

夫妻對於小孩是否上才藝班，以及小孩上了才藝班之後，應該如何表現，可能每個人的想法都不同。很多人會認為這是關於孩子管教價值觀的問題，但其實「才藝班」只是問題的表徵。

孩子的表現等於父母的表現？

父母在下意識中，往往會投注自己的意念和情緒到孩子身上。當他看見兒子沒能在鋼琴級數上晉級，他心裡就感到十分挫敗，因為他將孩子的表現視為自己的表現，難怪他常常會把「假如我是他，我早就……」掛在嘴邊。

表面上，他是對孩子的表現感到失望，但另一方面其實是對自己的自責和挫敗，可是他渾然不知。

也因為想到自己的傷口和空缺，所以他更難真正看清楚孩子的處境。這對孩子來說，收到的訊息，往往也會是「我永遠不夠好」的拒絕訊息。

夫妻間戰場延伸

這樣拒絕的話語和訊息，不但兒子感覺得到，其實太太也感覺得到。太太一方面心急，一方面也不了解先生為什麼要這麼激動。於是，**他們的戰場從孩子的才藝班、雙方的價值觀，延伸到「原來，我並不了解你」**。

他過往生命的遺憾，現在顯然仍然綁縛著他，甚至這些焦慮和遺憾不但絆住他自己，也絆住他和太太的關係。

矛盾的是，他一心希望好好栽培兒女，卻因此無法接受孩子的真實面貌。**他只看見孩子的不夠優秀，卻看不到孩子更需要他的愛，就像童年的他一樣。**

擺脫父母婚姻關係的練習：

當我們成為父母的時候，我們會回想自己在原生家庭中，承襲了父母什麼特質。

請你對父母做一次輕鬆的「家庭訪問」，問問爸媽是怎麼長大的。

爸爸：＿＿＿＿＿＿＿＿。

媽媽：＿＿＿＿＿＿＿＿。

例如：爸爸說，我是家中長子，從小爸媽就期待我能當弟弟、妹妹的模範與榜樣。所以，身為長女的你，也要把自己的分內事做好，不要讓我們操心。

再例如：媽媽說，從小我們家就窮，為了賺錢，你外婆還要四處去打零工，所以你要節儉一些，不要太會花錢，賺錢很辛苦啊。

訪問後，你會發現**爸媽對你的教養方式，大多來自他們自身經驗所形成的價值觀、信念，以及決定。**

而他們覺得「一定要怎麼樣，才是好的」的這些信念和決定，其實也和他們一次次的挫敗經驗，或生命裡的遺憾與欠缺有極大的關係。

如今成為爸媽的你，同樣也在你成長的過程中，會擁有自己的遺憾與欠缺。請在教養孩子時，別讓這樣的遺憾與欠缺綑綁住你自己。

只要願意細膩覺察，並耐心提醒自己，我們就能以更開放的教養觀，陪伴孩子長大。

二十二、置身事外型

連太太哭，他都沒感覺

在付出感情時，他其實很心慌，他甚至覺得自己永遠會被丟下。

「我太太實在是很不理性，每次遇到困難就跟我抱怨，不然就哭個不停。家是拿來取暖的，哭哭啼啼是沒用的。」面對太太的哭泣，他顯得完全無動於衷。「你看，他就是這樣，即便看見我哭，也從來不動聲色。是我瘋了嗎？還是他太冷血？」

他們是找我協談的一對夫妻。先生一開始就抱怨太太，而太太也不甘示弱地反擊。

先生是一名富商的私生子。從小，當他問媽媽：「為什麼我沒有爸爸？」時，媽媽就會撇過頭或轉移話題。

他第一次見到爸爸是在一家高檔餐廳裡。見到這個年邁的男人，他感到很開心，因為他終於有爸爸了。但當他湊上前去，向爸爸討抱抱而被爸爸抱著時，心裡卻感到陌生。

他一方面在心裡渴求爸爸能多陪陪他和媽媽，但另一方面，他卻也明白爸爸並不屬於他們家，不是他們家中的成員。他對於爸爸為什麼不能給他們一個完整的家感到憤怒，卻又對於自己和媽媽不得不依靠爸爸的金錢生活感到無奈。

在這樣的成長過程中，他常常感受到媽媽情緒的低落，和爸爸常常無法實現的諾言。**在內心深處，他告訴自己，要做好愛情上的風險控管，他也要求自己要理性。**但是，在付出感情時，他其實很心慌，甚至不相信自己在感情上，是能給得起諾言的人，或者不會成為被丟下的那個人。

他很難想像在親密關係中，如果沒有了權勢，他還值得被愛嗎？他甚至不敢想，摘除那些顯赫的頭銜之後，他還會剩下什麼？

諮商心理師這樣說：

對他來說，他無法明確整合出自己對於父親的想法，究竟父親對於母親在這段感情裡，是「好」？還是「壞」？父親雖然給了母親一般家庭給不起的富裕生活，但是卻沒辦法常常陪伴在他們母子身旁。**這樣的空洞，讓他不知如何定調父親的角色。**

他心裡的「不滿意的父親」

為了生存，在心裡，他努力將父親的好形象維持住，也努力承襲父親的能力，沒有因為家裡的經濟優渥而成為紈褲子弟。但另一方面，**他也將那個「他不滿意的父親」禁足在心裡的某個角落，這也是他在談戀愛或婚姻關係中，最害怕會冒出來的那個沒自信的自己。**

他用許多條件偽裝，偽裝成充滿信心的樣子。表面上看來，他是極為社會化，聰明又有能力的男人，但在心理層面的情感，他卻很害怕被看穿這塊空缺及脆弱。

擺脫父母婚姻關係的練習：

步驟一：想想你的父母，或從小主要照顧你的人，請各給他們五至十個形容詞。

父親：＿＿、＿＿、＿＿、＿＿、＿＿。

母親：＿＿、＿＿、＿＿、＿＿、＿＿。

步驟二：這些形容詞大多是正向？還是負向呢？請在正向的旁邊寫個＋，負向的旁邊寫個－。大部分你寫上＋的那一方，通常是你比較認同的那一方；寫－較多的那一方，通常是你比較不認同。

步驟三：請圈選出上述的詞語中，你會拿來形容自己的詞語。

無論正向和負向，請在圈選之外，寫滿二十個正、負向形容自己的詞語。例如：貪心、愛現、識相、可愛、體貼等。

＿＿＿＿＿＿＿＿＿＿＿＿＿＿＿＿＿＿。

這二十個詞語中，別人會怎麼看待，可以找你的朋友一起圈選、討論。

美國社會心理學家喬瑟夫・勒夫（Joseph Luft）和哈里・英格拉姆（Harry Ingham）在一九五五年提出「周哈里窗」（Johari Window）理論，意思是可以將別人所認識的你，以及你的自我認識做區別。

首先，依據他人及自己為橫軸、已知和未知為縱軸，分成：公開我、盲目我、隱藏我和未知我。

通常一個人的黑暗面，常常在隱藏我和未知我中被解讀。**黑暗面並不代表不好，這些特質都是你的一部分，都是來自你過往的生命經歷，如實的去了解，甚至進一步去接納，我們會過得更自在。**

在陽光面及黑暗面之外，請誠實的面對自己，好好整合這些光明面和黑暗面，讓這些屬於你的特質，都有個家可以回。當它們都有家可回時，你也才有機會超脫，重新為自己的人生做決定。

二十三、誇下海口型
先生愛吹牛，全為取悅童年時的母親

當他承諾時，他可以討好到母親，他可以看到母親相信他，冀望他的神情。

「老公，你好棒棒，連隔壁的大嬸要借款，你也能提供資料。」她忍不住叨唸起先生。

「助人為快樂之本，更何況你老公是誰，有什麼是我不知道的。」先生竟然反倒自豪起來。

她叨唸先生是有原因的。還記得結婚前，先生對她說：「你放心好了，你一定是那個最幸福的女人！」

她一聽，心都被融化了，認為嫁給他是老天爺的最佳安排。

但婚後，她卻覺得先生說的話都要打折扣，於是，每次看見先生吹捧自己時，她就想戳破他，希望他多多面對現實，可是一看到先生遇到挫折，像隻垂頭喪氣的公雞時，她又心軟了起來……

原來，他有位過度負責的母親，以及不肯外出工作的魯蛇父親。他從小看見母親的苦，他決定「不能讓父母失望」，所以，不管遇到什麼困難，他都不想讓母親知道。

但事實卻是，他承諾了，卻也做不到，不過，最重要的關鍵是當他承諾時，他可以看到母親開心的笑容，他可以討好到母親，他可以看到母親相信他，冀望他的神情。

這個神情，可以讓母親快樂上好幾天。所以，他就更不能接受自己的失敗、自己的不行。

只可惜，他常常開了支票，卻無法如期兌現。於是，他的成就感只能往外尋找，例如修理鄰居的窗戶、漏水等等，但他卻無法修補自己的夫妻關係。

諮商心理師這樣說：

當一個人常常誇下海口，我們必須先了解他的誇下海口會為他帶來什麼樣的好處和代價。

當一個人誇下海口，他可以感受到「對方覺得你好重要」、「你很值得依靠」、「你是那一個最挺我的人」，這些是他可能的好處；而壞處是可能在戳破這些謊言的瞬間，他什麼都不是，甚至是信任的關係一步步被破壞。

從「糖果屋」變成「猛鬼屋」

上述案例裡的先生正處於這種處境。他所創造出來的「糖果屋」，會在太太的失望之下變成「猛鬼屋」。但因為他太愛面子了，所以當太太提出質疑的時候，他又選擇在裡面鬧脾氣、哭泣。

這些都讓他更加無法實現自己的承諾，也造成太太更害怕。

當他被「你覺得我夠好」這個信念綁架的時候，他往往過度應付和迎合別人，而某種程度也犧牲了自己的誠信，犧牲自己的需求，去獲得別人的讚賞。當他看見別人欣賞或感激的眼神，他又被增強一次，於是選擇更加迎合對方。

想證明「自己很有用」

其實，**他心裡對這個世界是不信任的，他總覺得「如果我不這麼說，你不會看見我」，「我不相信你會無條件愛我」**，所以我需要一直證明，一直證明，直到你覺得我夠好。

但是，這種沉浸於「一定要別人覺得你很不錯」的心態，本來是可以拿來設定成目標，並且增加自己改變的動機，可是在一個人過度希望被讚賞的情境下，就不容易踏踏實實地去達成。

也就是，他已經被這種「我犧牲沒關係，我需要你的回報」所影響。當他獲得回報，似乎又獲得「你記得我的好」的一種擔保。雖然也知道這樣的擔保若即若離，但至少在那個時候很巨大，巨大到彷彿能代表全世界的認可。

所以，他們很需要被這樣的認可餵養著，也就更加期望能夠「多付出」，即便被犧牲都無妨。

他們的自我價值建立在「過度迎合」上，並且不斷想證明「自己很有用」。

擺脫父母婚姻關係的練習：

請為我們心裡過度迎合別人的那個部分，默禱一段有力量的祝禱文。

給過度迎合別人的你，祝禱文：

「親愛的小孩，你可以不需要犧牲你自己，來完成別人的願望。你是你，你是獨一無二的你，不要因為誰，徘徊在是否要掏空自己的十字路口。記得，你是你，你最該好好照顧、最該好好顧慮的人，就是你自己。不要猶疑，不要徬徨，你為自己考量、設想並不是錯的。當你覺得『這樣真的好嗎？』的時候，請記得，跟自己說：『沒有關係，沒有關係』，就請依照你內心的想法去做，好嗎？

將你要對別人好的那一些，請多拿一些回來對自己。將你要為別人設想的那一些，多為自己設想一點，將你要帶給別人的開心愜意，請多留給自己一些。另外，也要想想自己什麼時候會開心，什麼時候會滿足，請多留給自己更多這樣的時刻。

記得，你不需要過度擴張自己，才能讓別人看見；也記得，你不需要迎合每個人，而讓自己受委屈。然後，多給自己一點勇氣，不要大看自己，更別小看自己，只要踏踏實實地跨出每一步。更要相信這個世界，不會因為你沒做什麼而遺棄你。你是值得被愛的。」

二十四、情緒型

總是不願帶你去見他父母

他不准自己情緒化時，也將「有情緒」這件事情視為不可理喻。

電影散場後，她一邊吃著爆米花，一邊問她男朋友：「為什麼你都不帶我去見你爸媽？而我們每次約會，都要偷偷摸摸？」

原本男朋友放鬆、愉悅的表情，突然沉了下來。「就跟你說改天嘛！有需要這麼快嗎？」

她聽得出來，男友的語氣變得防衛且謹慎。

「我們都交往六年了，是我不夠好？還是你爸媽根本反對我們在一起？」她鼓起勇氣說出心裡話。

沒想到，這些話觸碰到他最敏感的那條神經。他不再說話，也不再回應。

他們兩人交往了六年，每當她提到要去見他的父母，他總是轉移話題，或乾脆生悶氣，一句話都不願意講，甚至還反過來指責她。

原來他來自一個父母都很情緒化的家庭。從小，他就常常不自覺地被捲入父母的紛爭中。等他長大一點，他曾經想過要從中協調，或者讓父母學著理性、客觀地看待事情，但都沒發揮任何作用。

每當他看見爸媽愈不講理，他的內心裡就愈加決定要活得理性。於是，當爸媽看起來愈混亂，他就愈把自己隔絕在外。不知不覺中，**他將「爸媽的情緒化反應」，當作自己家庭背景的恥辱**。只是他也從來沒想過，他常常對女友表現出的反反覆覆的態度，不也讓他變得跟他父母一樣？

諮商心理師這樣說：

他目前的困境是有來由的。當我們還小的時候，我們就像一只「空的情緒容器」，裡頭裝著父母的一言一行、一顰一笑、一怒一罵，也就是，**父母就是我們**

情緒容器的內容物。

這個容器承載了父母的各種心情。在他們開心的時候，我們也跟著開心，當他們感到挫折的時候，我們也感到挫折和無助。這一個情緒容器，隨著我們長大，開始有了自我的意識。**在我們生氣時，我們需要被了解我們在氣什麼，而當我們傷心時，我們需要安慰。**

「紊亂型依附」的孩子

我們藉由父母對我們的回應，來了解我們在父母心中的位置。而在成長的過程中，我們透過不斷與外界的人事物接觸，對於每一個發生在我們身上的經驗，開始有了了解，並從中獲得意義，這是幼兒時期心智發展的重要過程。

但是因為他父母的態度是永遠不可預知的，長久下來，他也無法相信父母能夠陪伴他。

這類父母很容易養成「紊亂型依附」的孩子。因為當父母給予的反應是如此的不可預知，孩子對外界就更難取得安全感。於是，在孩子長大了，面對自己的親密關係時，就會深藏許多令人摸不透的情緒地雷。

連結父母帶給他的恥辱感

這也是他決定在親密關係中，採取更多理性控制的原因。唯有如此，他才能隔絕這些無法消化的想法，以及那些無法排解的混亂感受。

他仰賴心中的理智之尺，用自己的方式存活，將父母隔絕在外。但當他不准自己情緒化時，也將「有情緒」這件事情視為不可理喻。而當身邊一出現有情緒的人，他就連結到父母帶給他的恥辱感，而和對方保持距離或拒絕溝通。

但是，我們都無法離群索居，每一個人都需要情感連結。更何況，一個人有情緒是正常的，完全的防堵與阻絕，其實很不健康，更無法與另一半自在地相處。

擺脫父母婚姻關係的練習：

他的狀況是典型的依附問題。英國心理學家約翰・鮑比（John Bolwby）指出我們在早年與父母互動的過程，會依據照顧者的回應方式，產生幾種依附的型態。

依附類型有四種：安全型、焦慮矛盾型、逃避型、紊亂型（見左頁表格）。

心理學家認為**孩子從小形成的人際模式，會直接影響到他長大後的戀愛態度，因**

為他們在戀愛時會採取小時候原始的互動方式來對待他們的伴侶。

於是，小孩子在早年的依附型態，最主要是來自於主要照顧者的回應和態度。

例如，逃避型的孩子遇到的父母，可能是對他沒耐心、對他的需求不敏感，或者拒絕與他有身體接觸或情緒回應。紊亂型的孩子可能在早年受過驚嚇，或遇到令人難以預期的照顧者。

我們在小時候，透過照顧者的回應，來理解部分的自己，也因此建立人和人之間的

安全型（Secure attachment）	焦慮矛盾型（Anxious-ambivalent）
在陌生情境中， □重要的他人在身邊：感到安全，可自在探索。 □重要的他人不在時：感到焦慮，可能會哭泣。 □重要的他人回來時：重新靠近並感到安全。	在陌生情境中， □重要的他人在身邊：感到焦慮。 □重要的他人不在時：感到沮喪。 □重要的他人回來時：想要抵抗及表達抗議。
逃避型（Anxious-avoidant）	**紊亂型（Disorganized attachment）**
在陌生情境中， □重要的他人在身邊：迴避和忽視。 □重要的他人不在時：不表現出情緒。 □重要的他人回來時：沒有特殊反應。	在陌生情境中， □重要的他人在身邊：沒有固定的反應模式。 □重要的他人不在時：沒有固定的反應模式。 □重要的他人回來時：沒有固定的反應模式。

互動模式。

你和你的伴侶，各自是什麼依附類型的人呢？

你：＿＿＿＿＿＿＿＿＿。伴侶：＿＿＿＿＿＿＿＿＿。

你們會怎麼照顧和回應彼此的需求呢？＿＿＿＿＿＿＿＿＿。

我們每個人都無法摒除原生家庭所帶來的影響。如果在親密關係中，讓我們有機會，去探究自己或另一半彼此可能的依附型態，或許藉著這份了解，我們能找到更適合彼此的相處模式。當然，在親密關係中，我們更可以保持覺察，不但去了解自己，修復自己，也能重新學習如何去正確地愛另一個人。

Part3

在婚姻關係中，表面上看起來是和另一半相處，但其實是不斷重新經歷自己過往與父母的關係

二十五、木頭人型

為什麼先生就是聽不懂我的話呢？

「發出企盼」和「回頭攻擊」的人，同樣都是脆弱的。

「老公，我今天去接小孩時，和佳華的媽媽聊了一下。她說接完小孩後，要趕著去做瑜伽，好好喔！」

正在看報紙的先生抬起頭，看了一眼太太，說：「很好啊！」然後低下頭，繼續看報紙。

「唉呦，我的意思是說，瑜伽費是她老公付的，他好會為她著想，真疼太太。」她明示、暗示著先生。

「這樣很好啊，忙裡偷閒，真不錯。」

「你怎麼這麼像個木頭人！你看人家老公還想得到她的辛苦，直接幫她付錢，我在這邊跟你說老半天，你卻完全沒感覺，我怎麼會嫁給你這種人啊？」

從小就活在父母安排中的她，一方面非常習慣被父母照顧得很好，但另一方面，她卻又很渴望能有自己的空間。當她遇到他，一個從小在彰化鄉下地方長大的大男孩，對她來說，他的自由與無拘無束，完全的吸引住她。

但隨著結婚日子一久，某部分的她，卻開始期待先生能像父母一般，無微不至地照顧著她，而當先生不如她意時，她失望又憤怒，忍不住說出了難聽的話，但她更害怕的是，會不會是先生已經不在乎她了，不愛她了，不然怎麼會這麼無感。

諮商心理師這樣說：

這對夫妻的爭執，其中太太對先生那些冰冷、殘酷的批評，某種程度都潛藏著害怕和著急。

太太的害怕和著急是「你怎麼可以這麼冷淡，你還在乎我嗎？」太太一方面希望先生回應，但另一方面也懊惱「為何是你，對我有這麼大的影響力？」太太想要不被先生影響，想要跟先生賭氣，但到頭來受傷和苦惱的卻是自己。

夫妻之間，彼此影響很大

其實，夫妻之間的彼此影響是很大的，一個眼神、一聲嘆息，對方接收到的可能就是輕蔑和嫌棄，或者是愛意和親近，這都依據著關係的好壞，而造成不同的影響。

情緒取向家族治療大師蘇珊・強森（Sue Johnson）認為「伴侶或婚姻關係不只是造成家庭問題來源，同時是彼此療癒的資源」。這也解釋了為什麼伴侶之間的舉動對對方有這麼大的影響力。

我想要成為你眼中唯一的那個人

我們常跟伴侶爭執，「我想要被你理解，那個人不是別人，只有你可以給。」我們不會對一個路人拉扯著，但我們可能會因為伴侶的一個反應，而轉身將自己鎖在房間一整天，還把電話開機，想要他先打來致歉。

婚姻關係就像是訂了長期契約，彼此除了成為關係的共同體，還是金錢、房產、家庭大小事情分工的合夥人關係。這份關係多了層責任和分工，除了情感的基礎，更像是某種投資，所以才更令人揪心。遇到問題，如果只有一方投入，另一方很冷淡，就會更讓對方感到無力與氣餒。

於是，當她希望先生也能像佳華媽媽的先生一樣，幫她負擔瑜伽的費用時，先生卻不太當一回事，這讓太太覺得委屈與傷心，她開始懷念起小時候被父母疼惜與呵護的感覺，也覺得是不是先生變了，不愛她，所以才會都不在乎她的感受了。

擺脫父母婚姻關係的練習：

在你們的關係中，也有連鎖效應嗎？**當你對他發出一個訊號是「我想要你聽見我」，可是對方轉移注意力，甚至說你太幼稚，你不應該在現在提出來。**

你收到這樣一個被拒絕的訊息，而引發你覺得「他已經變了，或者你已經不夠有魅力了」等等的想法，這些都是連鎖效應。

唯有我們對關係保持覺知，你才會知道這是屬於過去未滿足的傷？或是對未來的焦慮？**在每個爭執背後都有個渴望，你要釐清的是這個渴望究竟是什麼。當發現自己有情緒按鈕被打開的時候，請先緩一緩，先思考自己說這些話背後的心理需求是什麼**，請試著勾選出來：

□1. 我想要在他心裡面是有分量的。

□2. 我想要他能體貼我的辛勞，讓他能夠看見我的努力。

□3. 我想要他看見我的需求，讓我感受我仍是被珍惜的。

□4. 我想要在他面前仍是有吸引力的。

□5. 我希望我的好，他能持續看得到。

□6. 我想要他也能考慮到我。

□7. 我想要他能夠像我爸媽一樣對待我。

□8. ……

想一想，你在乎的是哪些？這些心理需求背後都存在著一種脆弱、渴望靠近的心情。寫下這些需求，想一想為什麼希望對方做到，又或是，你可以提醒對方怎麼做，例如給對方一點提示，讓對方更容易做到。

除了說出自己的需求外，建議你換個位置思考，你也可以想想自己願意做點

什麼，滿足他的願望和企盼，也跟他說說你心裡的在意和對他的看重。

其實，「發出企盼」和「回頭攻擊」的人，同樣是脆弱的。要不是彼此都介意，雙方怎麼會出現這麼大的反彈；要不是都還想證明彼此的心意，不被小孩和瑣事分散掉注意力，又怎會需要對方的回應。

所以，在夫妻關係中，不定期的覺察和增溫，是維繫兩人感情的最好方式。

二十六、貶低型
太太動不動就鬧自殺

他已經這麼優秀，為什麼家人還不滿意？他的價值，又為什麼建立在家人對他的評價上？

「心理師，你看看他，他真的很糟耶，就連我們坐在這邊，他也一聲不吭，是要逼死誰？」這句話一出口，諮商室的氣溫瞬間降到冰點。

「好吧，既然他在這裡也不講話，那我乾脆死一死好了……」她一威脅，先生只回了一句「又來了！」此時太太的臉色鐵青，怒不可遏。

他，三十五歲，是科技業工程師，工作穩定，收入不錯。太太是牙醫師，美麗亮眼。他當時想來尋求協助，是因為太太一直威脅要自殺。

他從小就是個聽話的孩子，但卻一直苦於被家族裡的長輩不斷比較，從功課、工作到收入，他覺得自己無處可逃。「現在的景氣已經不比從前，我在科技業這樣的收入，在我們家族裡，是抬不起頭的。」他苦笑著說。

原來，在商界與政界都意氣風發，又擁有亮眼成就的父親從小就對他冷嘲熱諷，讓他一直恐懼自己會失敗。他不准自己不夠優秀，不准自己成績落後，就連考上第一志願，他父親也沒肯定過他。好像不論多麼厲害，父親永遠都不會對他滿意，沒想到結婚後，連他太太都這樣覺得。

我心裡感慨，他明明已經這麼優秀，為什麼家人還不滿意？而他的生命價值，又為什麼完全建立在家人對他的評價上？

諮商心理師這樣說：

在本該成家立業的而立之年，他卻像青少年一般，持續和父親糾葛，渴望著父親的認同，而不可得。

在長不大的孩子背後，可能有各式各樣的父母。對他來說，他長不大，是因為他有一個不斷挑剔他的父親，以及自卑、討好父親的自己。

不斷以優秀引起父親的注意

他的自卑是有來由的，畢竟面對挑剔又自豪的父親，要超越他並不容易，所以，他從小的策略，就是不斷以優秀引起父親的注意。如果不夠，就再加碼，看能否在父親的心上取得一席之地。

或許，他的父親覺得他的表現不夠好，又或許是父親擔心一旦肯定他，他就會太驕傲。

美國心理學家拉普波特（Alan Rappoport）指出：自戀型父母常覺得小孩是自己的延伸，認為子女就是代表自己，所以期望子女按照他們的方式過生活，如此一來，就能符合父母在情感上的需求。

這種**「唯自己獨優」的自戀型父母，對應到自信心低落的兒女，在華人文化中並不少見**。因為，父母期望孩子按照自己的期望前進，但卻不能超越父母，這樣的焦慮會讓父母更可能因為防衛，而更加否認孩子是獨立的個體。

他們不輕易認可子女的焦慮，某種程度上是來自於如果他們覺得子女的表現已經夠好了，那麼，自己會不會被子女看扁，或者會不會被認為無能？

戰場延伸到親子關係

這種下意識的焦慮，讓父母和子女在私底下較勁。對於一輩子想要討好父母的子女來說，就變成一種折磨。**他們在選擇伴侶上，一方面希望自己選擇了一個夠強而有力的伴侶，將自己帶離這樣的家庭環境（或者更能讓父母的眼光投注或認可）；但另一方面，卻也將伴侶捲入這場糾葛中**，不但轉移自己原生家庭中的問題，還將戰場延伸到夫妻關係或者親子關係。

父母將他們對自己的看法投注到子女的身上，很難讓子女發展出自主性，也許一個小小的冷嘲熱諷，就會擊垮子女的表現，但子女仍會前仆後繼地尋求父母的認可。

這樣的模式一再循環，父母藉由貶低子女來達到內在權威，或者孩子永遠無法比得過父母這樣的較勁心情，必須直到有一天子女也負起責任，把自己被認可的權利拿回來，才能停止。

面對這樣的困境，身為孩子，我們所能做的是：

一、維護父母的外在位置和自尊心。

二、放掉被認可的期待。

三、記得自己已經是成年人。

四、記得這個認可，必須由你自己來給。

擺脫父母婚姻關係的練習：

步驟一：請回想你的父母最想傳承給你的是什麼，是期望你成為負責任的人？期望你會擁有真實的快樂？期望你出人頭地？或期望你孝順他們？

請設定三分鐘，將你想到的盡可能寫下來。

1. ＿＿＿＿＿＿＿＿。
2. ＿＿＿＿＿＿＿＿。
3. ＿＿＿＿＿＿＿＿。
4. ＿＿＿＿＿＿＿＿。

步驟二：**面對著這些期望，請分辨哪一些是你選擇主動去做，哪一些不適合你，而你感到被逼迫，甚至哪一些是你想還給父母的**。感受一下，當你想還給父母的時候，你心裡的感覺是什麼。如果有不舒服的感覺，可能的原因是什麼。

步驟三：如果是你，除了傳承父母所給予的之外，有哪些是父母未曾給你，或者不見得同意，但你想在關係中創造。

回到上述的例子，這對夫妻的問題在於先生太專注於想獲得父親的認同，於是即使他結了婚，他依然將生活裡的重心與目標，全放在追求自己的成就。同時，太太發展得很不錯的事業，或許也讓先生覺得自己真的完全不如人。於是，感受到長期被忽視、冷漠的太太才以最尖銳的自殺，想喚醒先生的注意。

其實，**當我們開始回溯自己的原生家庭，以及與父母的關係後，並不是要將責任都推給父母，或嚷嚷著都是父母誤了自己的一生。**將怨懟放下，給自己一個擁抱，去把自己照顧好，或許就會是人生的新轉機。

二十七、溫吞型

婆婆就是不喜歡我……

婆婆幾乎就像要排除小三一般的為難她。

「我都已經整理好了，你可以不要再亂動家裡的東西嗎？」他下班後，正躡手躡腳地在家裡翻箱倒櫃找吃的東西時，太太開口對他說。

於是，他轉而先打開電視，想等太太進廚房後，再找東西吃。

「回家只會看電視，你能不能做點有意義的事情啊？」「小孩的功課都是我在看。孩子的教育，你到底做了什麼？」「你看隔壁林太太，她先生都會倒垃圾，你會什麼？」

突如其來劈哩啪啦的一連串責難，讓他臉色一陣紅一陣青，但是小孩在場，他也不知道要怎麼回應，只好悶著頭去看小孩的功課。

太太這樣叨唸，但她心裡的埋怨並沒有因為發洩出來而好受一點。尤其，當她看見先生臉色一沉，默默地幫著忙時，心裡仍是一股氣。

太太的連珠炮式挑剔是有來由的。她的婆婆一直不喜歡她，婆婆比較喜歡先生的前女友，之前還不斷撮合他們結婚。

婆婆認為她的高學歷會讓兒子抬不起頭，所以她寧可兒子跟前女友結婚，於是即使他們都結婚多年了，婆婆還是不時在他們耳邊提及，「如果你當初是和X X結婚，那該多好。」

因為公公早逝，所以婆婆和先生的感情很好，她有時覺得自己就像是介入婆婆與先生之間的小三。

長久下來，或許是她心裡的委屈已堆得像小山般高，所以不管先生做得再多，在她眼裡，她就是忍不住要苛責與挑剔。

諮商心理師這樣說：

她不是不懂事，她知道先生愛媽媽，但如今，她沒辦法和先生一起愛這個眼裡總沒有她的婆婆。婆婆不喜歡她到連她的學歷也被拿來批評，婆婆簡直就像是在排除小三一般的為難她。

先生已經長大了，他有權利選擇自己的結婚對象，但婆婆卻仍將兒子當孩子般對待。而先生認為前女友已經是過往的事了，希望母親別再提起，但母親卻仍故我。

先生應該試著坦誠地與母親坐下來溝通，而非總是消極地迴避，或是認為就讓太太發洩完情緒就好了，因為這其實會慢慢侵蝕他們夫妻的感情。

擺脫父母婚姻關係的練習：

從小到大，我們在原生家庭裡，都不乏因為家人的言語，而覺得心裡受傷的經驗。例如考試考差了，家人說：「我看你這輩子只能去當女工。」或是妹妹從樓梯間摔下，家人說：「你怎麼沒把她顧好？你是怎麼當哥哥的？」

當我們不被相信、不被理解，或是被誤會的時候，我們的內心深處，其實有一小塊地方，是渴望能被知道、被了解，以及被相信的。

步驟一：請將這個部分的渴望寫下來：

我曾經在家人關係中很受傷，當時是因為＿＿＿＿＿＿，被誤會成＿＿＿＿＿＿＿＿＿＿＿＿＿＿。

接著，寫下你的感受，以及希望如何：＿＿＿＿＿＿＿＿。

一、以文中的太太為例，建議依照上述整理後，可以試著這樣跟先生說：

「**我知道當我直話直說的時候，有時候會傷了你。看到你落寞的神情，我就想起你在家裡面『不被認可』的痛苦**。對不起，我讓你有受傷的感覺，我很抱歉，你能＿＿＿＿＿＿＿＿（例如：這次不要跟我計較）＿＿＿＿＿＿＿＿（直接提出請求），好嗎？」

二、建議先生依照上述整理後，可以試著這樣跟太太說：

「當我看見你為家裡的經濟打拚，我其實很心疼，所以把家裡面的家事都做完，是希望你放心，只是我覺得我們相處的時間實在太少了。親愛的，我想要我們（例如：增加相處時間或至少你不要只是埋首工作）＿＿＿＿＿＿＿＿（直接提出請求），好嗎？」

修復關係的語言練習

請深呼吸，讓自己的心情緩一緩。當衝突發生之後，若你想主動和對方說明當時的狀況，想要修復彼此的關係，或許你可以對對方這麼說：

「當我________的時候，我擔心________，這讓我也很________（例如：抱歉）________，我想我們________（具體建議），好嗎？」

夫妻關係就像栽培植物一樣，需要時時灌溉和修整。當我們彼此和緩下來，理解對方和自己的心情，**看穿直來直往話語背後，那一顆仍然想靠近彼此的心，才可能真心誠意地理解對方。**雖然對方說出重話，但卻是隱藏著脆弱、無助的心情，也才更有機會化危機為轉機，讓彼此的心更靠近。

二十八、事事要管型

什麼事都要管，當我是她小孩嗎？

從小到大，媽媽總是對他說：「你沒有我不行。」「我不照顧你，誰會照顧你？」

「你衣服怎麼不穿多一點？圍脖記得要戴上。」她看著正要出門的先生，不斷提醒。

「喔。」先生悶哼了一聲。

「這種天，你還是戴一下帽子吧。你衣櫃上層有一頂刷毛的鴨舌帽，戴它出去，會很暖和。」先生已經開始不耐煩。

「那雙皮鞋的鞋底快掉了，你要換一雙，最好是鞋櫃右手邊的那一雙。」

先生忍住怒氣，不爆發，但他頓時愣了一下。怎麼太太和媽媽這麼像？

他好像突然間變回婚前，被媽媽悉心照顧著的小男孩。這是一種很熟悉，卻又不舒服的感覺。他只要和母親相處，就像變成箍著緊箍咒的孫悟空，永遠逃不出五指山。

他有一個很享受孩子們崇拜眼神的媽媽，鄰居也都對他媽媽讚譽有加，因為她一手包辦先生、孩子的所有事情，不但稱職，也十分出色。

但當他漸漸長大，他卻想與媽媽保持距離，媽媽卻總是對他說：「你沒有我不行。」「我不照顧你，誰會照顧你？」

如果不順從媽媽的想法，她往往會情緒化地發脾氣，覺得大家都不在乎她，還埋怨起自己以前實在太傻了，完全無私的付出，現在老了，卻都沒人要理她。

但當媽媽愈是這麼做，孩子愈想脫離。只是孩子在脫離的同時，卻還不忘回頭確認媽媽還愛不愛他們。**這樣的孩子，一邊想逃離媽媽的掌控，一邊內心裡卻又帶著強烈的不安與罪惡感。**

如今，他竟然在太太身上看見媽媽的影子。他和媽媽的糾葛，會複製到與太太的相處上嗎？

諮商心理師這樣說：

這類型的媽媽所面對的困境：一方面她們無法因為家庭生命週期的改變而調整自己，一方面又害怕面對未知，所以認為不如不改變來得好。於是，她們堅信：「孩子是離不開我的，當他們少了我，根本無法生活。」

但她們忘記了，三歲的孩子會拉著父母的手去探索世界，他們極力討好父母，想和父母當一輩子最好的朋友，甚至非常崇拜父母，想和父母結婚；不過，七歲的孩子卻已經將目光從父母身上轉移到老師，孩子每天放學回來，開口閉口都是「我們老師說」；至於十三歲的孩子，他們的重心是同儕，所以「同學說」又取代「我們老師說」。二十歲的大人呢？他們在乎的更廣泛了，工作、朋友、愛情……

她們焦慮，如果孩子沒有了她們，日子會過得黯淡無光。在擔心孩子因此會回頭指責她們的不盡責前，她們努力地將愛灌注在孩子身上。

看不見孩子的母親

滿溢的父母的愛，多到似乎能把孩子塞回子宮內餵養。但這樣滿溢的愛，反而讓孩子失去了獨立的雙腳。如果可以一直躺在床上就能滿足一切，誰又想起身扛起自己的重量，努力用自己的雙腳跑跳呢？

當她們因為焦慮，而為孩子做太多的同時，其實是「看不見孩子的」，她們看不見孩子已經長高，臂膀有多堅實。**她們活在「孩子可能還很脆弱、無助」的想像裡，阻擋了孩子成為自己。**

也許，**在這種焦慮中，父母才是真正沒有安全感，真正脆弱無助的人。**對他們來說，當他們日夜不斷叮嚀「我這樣做是為你好！」「為什麼都不聽我的？」的同時，他們反倒成為最脆弱不安的一方。他們擔心恐懼自己的年邁被孩子看穿，擔心恐懼自己再也無法保護孩子。

但當孩子已經長大，與其依循著父母的方式過活，孩子不如主動告訴父母，「我長大了，我就像當年的你們一樣，我可以承擔起自己的生活，你們不用為我擔心。」這可以幫助父母親意識到，**只有父母願意放手，孩子才可能看見外面的風景。**

停止從家人身上追求認同與肯定

不過，上述例子裡的媽媽，除了對孩子放手外，或許也可以學習尋回自我，學習傾聽自己的需求，因為她已經花了大半輩子照顧家人，並將自己的快樂始終放在家人對她的回應上。但人生是自己的，如果她能停止從家人身上追求認同與肯定，或許兒子才願意與她再度拉近距離。

擺脫父母婚姻關係的練習：

當我們還是孩子時，面對父母的焦慮，我們會如何反應呢？以下是常出現的六種面對衝突的方式，你是哪一種？請圈選出來。

一、**攻擊**：例如，「你休想控制我！」「憑什麼管我？」「你根本就是為了你自己！」

二、**冷戰**：例如，「我才懶得理你！」「儘管去說好了！」「隨便你！」

三、**逃避**：例如，「做點什麼好呢？」「這樣說有用嗎？」「這根本影響不了我！」

四、**避重就輕、轉移話題**：例如，「今天吃什麼好呢？」「外面有下雨嗎？」「爸爸幾點會回來？」

五、**妥協、順從**：例如，「你說了算！」「依你說的做就是了。」「好……」

六、**化解、尋求雙贏**：例如，「我知道你的意思是……不過我也提提我的意見是……」「你真的辛苦了，你的經驗很珍貴，我期許我也能像你一樣，所以……」

上述的一至六，你最常用什麼樣的姿態回應？而你的伴侶，他又是用什麼樣的姿態回應？（請用另一種顏色的筆圈選出來）。

一至五的反應方式，是偏向控制、逃避或委屈自己，這往往無法達成真正的溝通。六的方式，雖然較為辛苦，但卻比較能讓彼此互相了解真正的想法，因而也比較容易找到能讓彼此都接受的處理方式。

另外，你也可以練習，如下：

「我知道你＿＿＿＿＿＿（對方表達的原意），不過我也提我的意見＿＿＿＿＿＿（你的想法）。」

「你真的辛苦了，還為我想，我也期待和你一樣＿＿＿＿＿＿，我想到的是＿＿＿＿＿＿。」

如果要緩解對方的焦慮，那麼第一件事，是請先肯定對方的著急和照顧我們的心情，接下來，再好好與對方溝通，可以怎麼做，能讓彼此都接受。

焦慮的人，是需要被回應的，只是我們願意回應，卻不想被控制，這就需要孩子與父母好好溝通，也許不能一次就成功，但是回頭想想，我們的父母在我們小時候，不也是不厭其煩，一再地重複教導我們？如今，年老的父母某個層面也很像個孩子，而如果這樣的溝通，既能讓我們修復與父母的關係，並重新看待自己的親密關係，不也是很好的機會嗎？

二十九、沒安全感型
他都不接我電話，是不是不要我了？

渴望被呵護的她，卻不太能信任對她溫柔關懷的人。她的矛盾，是她戀情裡最大的問題。

他忍不住抱怨：「你每次打電話來，講不清楚到底要幹嘛，又不准我掛電話。到底要我怎麼樣？」

她滿腹委屈，邊哭邊說：「別人的男朋友都會帶她出去玩，你宅在寢室打電動也就算了，每次出去，都還心不甘情不願，我到底是哪裡惹到你了？」

他們在大學時期就開始交往。她欣賞他很有主見，無論遇到多麼令人慌亂的事，他都能冷靜處理，當年身為學生會長的他，真的很有領導者的大將之風。

但她不懂的是，為什麼自己的男朋友好像都不需要她。她覺得這樣的關係，根本不像戀愛。她甚至常擔心著，是不是男友不要她了，想跟她分手了。

原來，她在兩歲時，母親就離開她。十二歲時，父母正式離了婚，雖然她很快就有了繼母，但繼母畢竟與母親不同，她的心裡有著很深的失落。

或許是原生家庭的影響，讓她一方面期待自己能被充分地呵護與包容，但另一方面，她卻不太能信任對她溫柔、關懷的人。她的矛盾是她戀情裡最大的問題。

諮商心理師這樣說：

夫妻或伴侶之間，往往有某種潛意識的互動式吸引，上述的這對男女朋友就是一個很好的例子，女孩偏向焦慮型，男孩則偏向逃避型。

舉例來說，焦慮型的A常常覺得自己不夠好，所以當他面對一個認為自己很厲害的人B，A就會很容易被激起好奇心，他會覺得「B怎麼可以這麼有信心」、「B為什麼都很有自己的想法」等。當A被B吸引時，B有了被欣賞的感受，A與B就很容易因為互相欣賞或吸引而成為伴侶。

愛上真實的他？還是想像中的他？

但當日子一久，A難免發現B並非全知全能，而且也有他的焦慮和弱處。其實，**在關係中，A對B必須要分清楚，哪些是「現實的欣賞」，而哪些是A對B「理想化的想像」**。當他要接納B也是平凡人，沒有這麼完美或理想時，他必須先破壞自己對B理想化的想像，才有辦法做到。

這也是我們常常在伴侶身上見到的配對組合，也就是「焦慮型」和「逃避型」兩種，在心理學上，常稱這樣的配對為「影子人格」。

依照榮格（Arl Jung）的觀點，每個人都有自己所不能接受的陰影，而我們卻常常被這些陰影所吸引，但又將它排拒在外。**對於和我很不一樣的人，或者自己所無法接受的一面，如果有機會坦然接受，或許能讓我們的生命更完整**，一如榮格曾經說過的：「我寧可成為一個完整的人，而不是一個好人。」

停（stop）、看（觀察）、（傾）聽

雖然焦慮型的人常常與逃避型的人對應和配對，但是在潛意識中，他們在人格長成的方向上有著不同的發展。

焦慮型的人常將自己看成不夠好，但看待別人卻往往覺得不錯、有價值。他們對愛感到飢渴，害怕自己不被重視，害怕被拋棄，對於情緒過度敏感，對於親密伴侶的情感較為矛盾和愛恨交加，喜歡有人陪伴。

逃避型的人則認為自己不錯，看別人就覺得普通。他們覺得自己很行，對情勢的需求需要有掌控感，需要被尊重。對於事情的判斷偏向理性分析，能夠獨立完成很多事情，但不容易與人分享感受。

在愛情中，當焦慮型的人與逃避型的人發生衝突，雙方都可能覺得是「對方的錯」，因為他們面對溝通上的壓力時，雙方的反應很不同。唯有先喊「卡」，充分地「停（stop）、看（觀察）、（傾）聽」，才有機會溝通和了解彼此的需要。

擺脫父母婚姻關係的練習：

我們先做一個檢視，了解當你面對爭執時，你的反應是什麼。

步驟一：你可以依照你或你的伴侶，去勾選出二二六頁，你們面對壓力和衝突時的反應。

步驟二：回想你的父母，他們如何處理衝突，是這兩種人格類型嗎？

步驟三：你父母的處理衝突方式，有影響你嗎？你可以如何調整呢？（可以跟你的伴侶一起討論）

我們都是帶著各自家庭的影子，來到自己的感情世界裡，但請別讓過去的傷痛影響著自己以及身邊的他，這樣只會不斷受傷與煎熬。

焦慮型的人常有的特點	逃避型的人常有的特點
☐ 常耐不住孤單，喜歡有人陪伴。	☐ 可以獨自照顧好自己的生活。
☐ 很在意別人的看法。	☐ 不太在乎別人的看法。
☐ 常以別人的需要為重。	☐ 需要滿多獨處的時間。
☐ 很在乎別人的評價。	☐ 不太在乎他人評價。
☐ 常因為別人而影響自己的心情。	☐ 不太因別人影響自己的心情。
☐ 強烈渴望與人親近。	☐ 不太需要常與人掏心掏肺，說心裡話。
☐ 若碰到誤會，很想知道對方的想法。	☐ 若碰到誤會，會需要自己單獨靜一靜。
☐ 爭吵後，總是先去示好的那個人。	☐ 認為是別人的錯，自己永遠是對的。
☐ 常說的話是：說清楚，你到底是怎麼想的。	☐ 常說的話是：饒了我吧！不要來煩我了。

三十、矮人一截型
第三者是她的宿命？

她也想過要停止這段戀情，但她又會告訴自己，「也許繼續當個傻子，也很好。」

在諮商的個案裡，有一對年輕情侶，後來我才知道與男孩一起來諮商的女孩，並不是男孩的女友，而是第三者。

我心裡很疑惑，為什麼她明明知道自己是第三者，卻在幾次和男孩提分手後，心裡仍無法割捨男孩。

其實這場戀情的收場，女孩心裡比誰都清楚，但是她卻一再逃避。當男孩又選擇回女友身邊，而讓她心裡受傷、煎熬不已時，她也想過要停止，但她又會同時想起男孩曾經給她的承諾，於是她告訴自己：「也許繼續當個傻子，也很好。」

兩年多來，為了這男孩，她失去很多和別人發展的機會。有時候，她會覺得沒有對方，自己也可以過得很好。但有時候，她又覺得離開對方，她是活不下去的，而雖然只能擁有對方的部分，但總比全部失去要好。

她不會找他鬧，也不會找他吵，因為她知道這些只會讓他厭煩，然後像她害怕的那樣，真的把她丟棄。那種被無情地打包起來，狠狠打入被否定的地獄，就像她在暗黑的夜裡不斷重複的夢境。

她是中部黑道某幫派老大的私生女，從小她就渴望著母親的愛，但母親卻是只將目光朝向偶爾才會來找她們母女的父親。但當父親來了，母親也只會開心幾天，等父親一走，母親就開始歇斯底里。她不知道如何安慰母親，只知道自己不要像母親這樣，為了等一個男人，毀了自己的一生。

諮商心理師這樣說：

我想對她來說，她從沒想過自己會步上父母關係的後塵，因為這是她從小到大，最切身的痛。這是屬於「強迫性重複」的類型，這樣的模式，反而讓她得不到她一輩子都渴求的愛。

「強迫性重複」是我們不由自主地就會落入特定的愛恨關係。**我們藉著透過重複這樣的行為，來彌補小時候空缺的愛，或未滿足的遺憾。**

如果她想跳脫目前的困境，首先，她需要覺察自己的行為是來自於母親。母親在當年那個時代，或許有母親自己的難處，所以**試著體諒母親。這樣的體諒，也等於放過自己**，而且她是她，不是母親的附屬品，不一定要走和母親同樣的路，她可以有自己的想法與選擇。

在諮商現場，無論是男人，還是女人外遇，或許我們會以為痛苦的通常都是被外遇的人，但其實三個人都受苦，無人能倖免。

外遇的人，通常會這麼說：

一、批評目前的伴侶：你會聽到「他跟我有多不合適。」「他的狀況有多糟，多拖累我。」「他很兇，剝奪我的權益，虐待我。」「他不尊重我，而我沒辦法反抗。」

吸引到的外遇對象：想幫忙解救這個問題的人，也是容易有救火隊性格的人。

介入後的缺點：他會製造更多的危機，讓你解救，到時候你累了、膩了，但卻難以脫身。

二、貶低伴侶後，暗暗褒獎你：你會聽到「他真的很過分，如果像你這麼懂我，你一定不會這樣對我吧！」「他不像你一樣，能領略我的好。」「他不像你這麼善解人意。」

吸引到的外遇對象：認為自己很不錯，渴求被好好珍惜的人。

介入後的缺點：在愛情關係中最可貴的是能真實做自己，你不可能二十四小時都善體人意，等你不能總是溫柔的時候，他就會覺得你變了。

三、如果有你，就有了全世界：你會聽到「如果我先遇到你，我一定會選擇你。」「如果我們在一起，我的承諾都會在你身上發生。」

吸引到的外遇對象：期待能擁有理想中的戀愛的人。

介入後的缺點：如果你某天不讓他感到滿意，他又會覺得很困惑無助的時候，你心裡面永遠的害怕就是他可能會丟下我，而找其他人。

在三角關係裡，第三者的位子永遠是不對等的。那一種「一下說愛你，一下消失不見」這種全有或全無的愛情關係，足以讓一個人感到崩潰和情感分裂。

雖然，當你聽到一個人發出求救訊號時，你會感到不忍心和想給予幫助，但是若拿捏不好界線，卻是很容易掉入變成第三者的陷阱裡。

擺脫父母婚姻關係的練習：

你也有矮人一截的渴愛模式嗎？這類型的「強迫性重複」常讓我們無法擺脫過往的束縛，開展出自己的新人生，現在讓我們回頭發現那些強迫性模式的起源。

1. 你從小最想要，卻沒辦法得到的心理滿足是什麼？

例如：家人能夠多挺我一點，而不是放牛吃草；媽媽不要只疼哥哥……

＿＿＿＿＿、＿＿＿＿＿。

2. 你從小最常出現的負面心情是什麼？

例如：**心裡覺得羞愧→原來我不夠好；心裡覺得委屈→為什麼要誤會我；心裡覺得憤怒→為什麼這麼不尊重我；心裡覺得傷心或遺憾→如果……就好了**等等

＿＿＿＿＿：這是因為＿＿＿＿＿。

＿＿＿＿＿：這是因為＿＿＿＿＿。

＿＿＿＿＿：這是因為＿＿＿＿＿。

3. 這些心情在現在的親密關係裡曾出現或發生嗎？是什麼樣的情境？

：＿＿＿＿＿＿＿＿＿＿。

：＿＿＿＿＿＿＿＿＿＿。

4. 現在你發現了，如果可以超越或改變，你想怎麼做？

我選擇改變＿＿＿＿＿＿因為＿＿＿＿＿＿。

建議你，在回答第四題時，可以多給自己一些時間，因為對於你的人生，你是有力量的。或許調整或改變不是那麼容易，但當你一旦開始，你會發現，調整或改變並沒有想像中艱難，尤其當你感受到一些調整或改變，讓你的生活更自在，你會更有信心活出自我。

三十一、黏TT型

女友不講理又黏，快喘不過氣

他們渴望和諧的家庭氣氛，但他們卻又在心裡的最底層，覺得自己不配過這樣的好日子。

「你是一個能讓我託付一輩子的人嗎？」每當她交一個男朋友，就像要互定終身般，她總是要對方給她承諾。

她渴求愛，她極力排除和爸媽一樣擁有不幸福的婚姻。但是，為什麼她愈渴望被關愛，就愈常成為感情的失敗者。她不斷被分手，男友都覺得她太黏、太盧。

她來自一個父母爭吵不斷的家庭，除了言語上的爭執，還有肢體衝突。因為他們，她度過了無數個半夜無法闔眼的日子。

身為長女的她，一方面要阻止父親的暴力，一方面又要保護母親，這樣的糾纏，綑綁住她最青澀的歲月，也逼著她迅速長大。她沒有抱怨，因為在她眼裡，滿滿都是母親揮之不去的痛苦。

一直以來，她都渴望能有穩定的依靠。她希望能與負責任、愛家、愛護另一半、喜歡家庭生活的男人共組家庭。總之，就是要選擇一個完全不同於父親的男人。

她也告訴自己，千萬不要成為像她母親那樣的女性，只會脆弱地不斷掉眼淚，卻對自己的處境無能為力。無論如何，她都不要走上父母的婚姻路。

但是這樣的量身打造，卻讓她的感情一直受挫，於是，在感情路上，她變得更挑剔、更焦躁，也更情緒化。

她只在意對方符不符合她的標準，而無法花時間、心力去了解對方，而對方只要稍一不合她的意，她就又開始沒有安全感的緊迫盯人。

諮商心理師這樣說：

在諮商的過程中，不乏遇上孩子年紀小小就承擔起父母關係的個案。**當孩子**

看到母親總是傷心不已，孩子很容易就將「取悅母親」變成是自己的責任，甚至把「驅逐爸爸」也變成是自己的職責。

但其實孩子都忘記了，自己也只是個孩子。**過度承擔大人責任的孩子，長大後就容易成為「拒絕自己有需求，也拒絕別人有需求」的人。**

一個從小在這樣的氣氛下長大的孩子，因為他們不曉得溫暖家庭的樣貌，也沒有這樣的經驗，所以他們會努力地用自己的方式，去辛苦地揣摩與摸索。但令人最難過的地方是，這樣的孩子，一方面渴望有和諧的家庭氣氛，一方面他們卻在內心的最底層，又覺得自己不配過這樣的好日子。

擺脫父母婚姻關係的練習：

以上述的例子來說，對她而言，可以去思考的是，她因為過往的家庭關係，而變成＿＿＿＿＿＿（怎樣）的人。

例如：她可能變成

□謹慎的人。

□渴求愛和關懷的人。

口對於另一半嚴格的人。
口忘記另一半也有自己需求的人。
口懂得家庭關係要好好經營的人。
口特別容易被溫吞的人所吸引的人。
口希望對方滿足自己所有要求的人。

她除了回頭去疼惜過往受傷的內在的自己，同時藉由上述的提問，也可以提醒自己，可以做哪些調整，為自己的人生再次努力。

步驟一：對你來說，你想要跟什麼樣的人交往，甚至組成家庭？請寫下你對原生家庭最早的印象。＿＿＿＿＿＿＿＿。

過去的家庭關係讓你變成

1. ＿＿＿＿＿＿＿＿的人。
2. ＿＿＿＿＿＿＿＿的人。
3. ＿＿＿＿＿＿＿＿的人。（請盡可能多寫）

步驟二：請你瀏覽剛才寫下的內容，再將你現在的人生階段想要留下來的項目圈起來。

步驟三：找一個了解你的朋友，說說那些「被圈起來的項目」。

除了好好謝謝你圈起來的部分，也謝謝那段經驗，讓你成為現在的你。

步驟四：請看看你不想留下來的部分，而如果你想要改變，你想改變的是哪些項目。

步驟五：謝謝那些「沒更動」的項目，如果它們已經不合時宜，請將它們停留在過去的歲月，但**請謝謝它們曾經陪伴你人生中一段長長的道路**。

對於原生家庭或父母對你的影響，請試著去體諒父母當時可能面臨的難處與困境。**請相信，他們已經做到在那個處境中給你最好的**。諒解父母，我們才可能展開新人生，或許也能帶著輕鬆和踏實的步伐，找尋適合你的另一半。

三十二、面面俱到型
太太事事要求完美，我快窒息

面對另一半的爸媽，她不只是「媳婦」的角色，她也是一個想要表現完美的孩子。

「老公，今天下班要回你爸媽家，我要先去買禮盒。媽身體不好，我上網幫她查了某牌的雞精，你下班後，先載我去南京東路五段，記得喔。」出門前，太太殷勤地提醒他。

他和太太兩個人都是上班族，看著新婚不久的太太對於自己的爸媽如此關心，他感到很窩心。

沒多久，太太傳來簡訊：「老公，上次爸撞傷膝蓋，我們下班後，幫他買電療熱敷。記得載我去劍南路那邊買。」

但這回，先生感到的不是窩心，他隱約覺得，太太似乎對於回婆家有些焦慮與壓力。

下班後，或許是工作上的忙碌，他完全忘記要回去看爸媽的事。而當車子直往高速公路，準備南下時，太太急忙阻止他：「不是要去南京東路嗎？你怎麼忘了？虧我早上一直提醒你。」

但此時車子已經無法回頭，正在開車的他，忍不住說：「就已經開上來了，能怎麼辦？怎麼，是去看我的爸媽，你卻比我還緊張？」

太太一聽，眼眶竟泛淚水，說著：「是啊，是難得照顧你爸媽，你這個做兒子的，怎麼比我還不貼心？」

他拉不下臉，說：「你怎麼能這樣說。我沒買東西給爸媽，他們一樣會對我好，哪像你，還要買東西討好。」

他一這樣說，太太完全被氣哭了，「是啊，你有爸媽，我從小就沒有爸媽，所以我把你的爸媽當成我自己的爸媽在照顧。我對他們好，有什麼不對嗎？」

太太在四歲時，她的父母就因為車禍雙雙過世，所以她從小在姑姑家長大。姑姑其實也有自己的孩子，但姑姑覺得她太可憐了，所以總是把她當成自己的孩子。為了不讓撫養她長大的姑姑失望，從小到大，她都要求自己「凡事要做到最好，不能讓姑姑沒面子」。**追求完美，成為她身上擺脫不掉的烙印。**

諮商心理師這樣說：

對她來說，她很感激姑姑對她的養育之恩，所以她決定要有好表現，不讓姑姑擔心，她也努力成為一個不管遇上什麼事情，都能獨立自主的女孩。她甚至決定，如果有一天她自己組了家庭，她要把另一半的父母當成自己的爸媽來孝順。

將「另一半的表現」與「自己的表現」綁在一起

但是，她愈想表現完美，卻愈感到緊張和焦慮。面對另一半的爸媽，她不只是「媳婦」的角色，她也是一個想要表現完美的孩子。而當她請另一半幫忙時，如果另一半的表現不佳或明顯未依照她的意思，她就會忍不住生氣，因為她將「另一半的表現」與「自己的表現」牢牢地綁在一起。

於是從一開始的貼心叮嚀，到後來，如果另一半不從己意，就覺得委屈、難過，甚至開始爭吵。

而當另一半覺得真是無妄之災，或者做什麼都不對，動輒得咎時，常常會更強硬地反彈。因為先生覺得，我跟你是不同的個體，我有我的決定。此時，太太的自又會面臨到一種區隔，「原來，你跟我是沒有共識的。」

於是，婚姻的分歧就從此開始。**一直覺得彼此沒有共識，或者彼此價值觀不同，但卻都沒有考量到，是「過去的傷痛」不斷影響現在的親密關係。**

擺脫父母婚姻關係的練習：

步驟一：請寫下你的主要照顧者，也許是爸媽，也許是其他人。請列出不止一位重要的主要照顧者：

______、______、______。

請將關係從深到淺，列出幾個你身邊比較好的朋友：

______、______、______。

步驟二：請將上列人物寫到二四二頁的表格裡。

主要照顧者	當他對我愈……	我就愈……	因為
例如：媽媽	強勢	感到自己很弱	她做什麼，都比我快、狠、準。
例如：養父	愛我	服從或者刁蠻	服從：他沒必要愛我，居然對我好。 刁蠻：我要試試看他的底線在哪裡。

其實，面對壓力情境，每個人都會拿出自己最習慣的方式來應對，但是請記得人是有彈性的，**無論面對過什麼樣的傷痛，當我們柔軟地為傷痛上藥後，我們都有不同的面貌和角色可以因應，並加以面對、處理。**

依據家族治療大師薩提爾（Virginia Satir）的「面貌聚會」概

念，她認為我們每個人都有不同的樣態，這些樣態就像自己的個性和看法。但當我們面對困境的時候，通常都會僵化，忘記自己有彈性，忘記當我們面對著不同的角色，我們其實可以有不同的處理方式。

當我們能不那麼僵化時，我們在重要的人面前，就可以更有創意、更自在，而非被完美主義押著跑，或者沉浸在過去的傷痛和愧疚裡，變成另一個不斷壓榨自己或活在遺憾中的人，卻得不到想要的疼愛。

三十三、掌控型
只要晚回家，先生就坐在客廳等

「你也知道，我們家的習慣就是這樣，為什麼你就是做不到？」先生對太太抱怨。

「喂，你還知道要回來喔，我還以為你忘記家在哪裡了。每一次都讓我等你這麼久，你都不覺得愧疚啊！」他守在客廳好一陣子了，看著十二點多回家的太太，心裡雖是鬆一口氣，劈頭卻是不住地抱怨。

「我加班啊，我沒跟你說是因為忙到沒時間打電話，但我之前就跟你說過了，我這陣子工作比較忙，你就先睡，不要每天等我。」

在科技業工作的太太覺得兩人都已經結婚好幾年，她實在不了解先生為什麼總是在這件事情上與她意見不合，而且這些對話不知已經上演了幾千回。她已經很煩了，看到先生又坐在客廳等他，自然心裡就有一股氣。

「你也知道，我們家習慣就是這樣，到哪裡就要說，為什麼你就做不到？」他還是在氣頭上，但可以感受到他在言語中有一些示弱，以及一絲苦苦哀求。

「那麼，我也跟你說，我感受到的是你的控制。你爸媽對彼此有不安全感，他們那樣窒息的關係，為什麼你要複製在我身上？你也不要加諸他們的要求在我身上，我和他們不一樣。」太太累了，也急了，忍不住說出積壓已久的內心話。

先生來自一個很沒有安全感的家庭，而這樣的家庭，拖累著全家人，讓大家都變得很疲憊。因為只要稍稍違背家人的意思，就被他視為是「背叛家庭」。因此，他們習慣全家人彼此的狀況都要公開透明，這樣也心照不宣了好幾年。

本以為這樣一來，他可以更感到安全，但這樣緊張、永遠不能放鬆的相處，除了讓人感到窒息，彼此的關係也沒因此更穩固，反倒變成在比較誰對誰不夠忠誠，或誰對誰付出比較多的痛苦與問題。

諮商心理師這樣說：

他的困境，其實很多人都有。當我們還很小的時候，家庭關係和家庭氣氛深深地影響著我們對未來生活的期待。

鮑比曾提出依附關係的觀念，表示我們從出生後與依戀對象的關係，足以影響著未來我們的人際關係。當然，未成年的兒童依戀的對象會隨著一個人的成長不斷轉變，從父母、老師、同儕，慢慢轉移到戀愛的對象。我們小時候累積而來的人際關係，會變成某種習慣，這樣的習慣深深地影響我們未來的親密關係。

所以學者哈杉（Cindy Hazan）和雪佛（Phillip Shaver）在一九八七年提出「我們在愛情關係中，就是一種依戀的關係，我們對對方有預期、有承諾、有期待，也有激情，渴望更親密」。在渴望更親密的道路上，我們可能會經歷理想化和幻滅，再從幻滅中去調整自己的期待，接著再經歷幻滅，經過一次次的幻滅，我們終於能清楚看見對方真實的樣子。

每個人的依附需求比重不同

也因此，在談戀愛或婚姻關係中，我們會冒出一個想法：「我和他真的合適嗎？」這個問題不只是單方面，而是雙方都必須面臨，雙方的安全感也因此會受到某種程度的挑戰和重新洗牌。

然而，這樣的依戀關係分成「安全」和「不安全」兩種形式。對於安全感夠的人來說，可以比較輕易地展現友善和信任；而對不安全依戀類型的人來說，卻可能遭受比較多的挫折和擔心。

例如：**覺得自己不夠好，擔憂被拋棄；擔心自己不夠重要；害怕自己遭受拒絕；害怕自己沒有魅力；認為自己的挫折是沒人可以接受的；害怕自己永遠沒資格被愛……這些，我們稱作成人關係中的「依附需求」**。

然而，每個人依附需求的比重又有所不同，以上述的他來說，他在太太的反應中，感覺到自己可能是不被重視的，他的需求沒被照顧到，所以感受到不被愛。

但**這些依附的訊息傳遞不到太太的心裡，因為太太是以自己的原生家庭方式應對**。於是，兩人變成爭執於到底誰在壓迫誰，以及誰對誰錯，而先生在這樣的情況下，就更難被安撫到，在他心裡，也更加深了他沒安全感的感受。

擺脫父母婚姻關係的練習：

你在關係中，重視哪些依附訊息呢？請回想你曾經擁有過的一段親密關係，當時你們最常爭執的問題是什麼，並將比重，以橫條圖列在二四八頁的下圖（上圖為範例）。分為〇至十分，請依照影響的程度畫出來，分數高的代表影響程度大。也可以請另一半在二四九頁的圖表中畫出來。

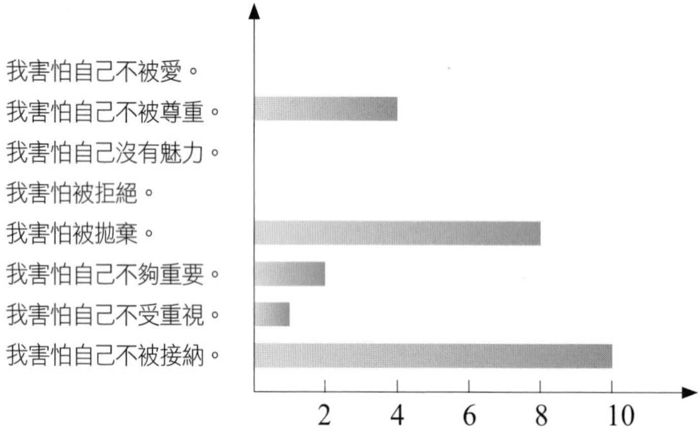

請畫出你的依附需求比重：

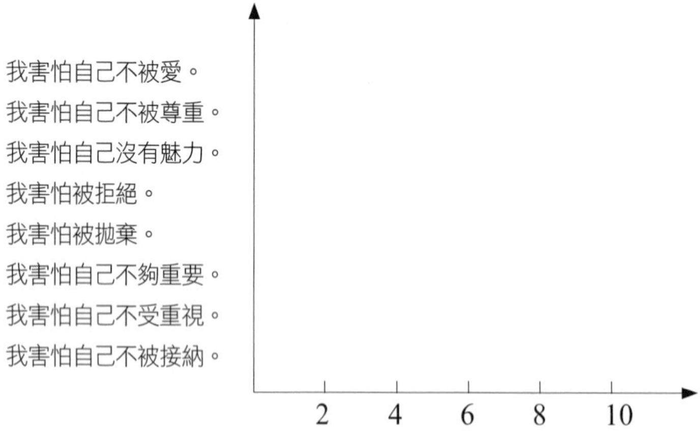

請畫出你伴侶的依附需求比重：

我害怕自己不被愛。
我害怕自己不被尊重。
我害怕自己沒有魅力。
我害怕被拒絕。
我害怕被拋棄。
我害怕自己不夠重要。
我害怕自己不受重視。
我害怕自己不被接納。

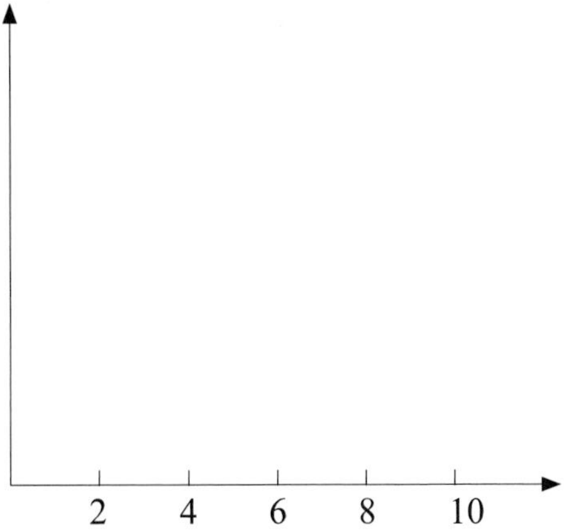

請比較你與另一半所畫出來的圖表，你對彼此關係的新發現是什麼？＿＿＿＿＿＿＿＿＿＿＿＿。

有時候，**我們和伴侶的爭執，其實都是渴望和對方靠近**，但基於彼此的依附需求不同，有時反而讓我們和另一半離得愈來愈遠。

透過兩張表格的釐清，讓你和另一半在爭執前，有機會停下來想一想，自己是哪一個依附需求遭到威脅，以及另一半正在表達他的哪個依附需求，這樣，也才不會讓彼此的關係，陷在誰對誰錯的是非題的死胡同裡。

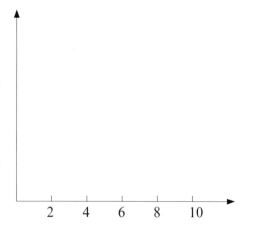

三十四、八卦型

八卦，是太太覺得自己唯一還有價值的地方

這個先生眼中的缺點，至少讓她覺得，她不是那麼一無是處，甚至彷彿和父親有一絲連結。

她是鄰里巷弄間有名的包打聽，八卦在她這裡累積的速度非常迅速。她一回家，就拿起電話講個沒完。

「我跟你說W他妹……還哪個？就是每次都穿得很時髦的那個啊，她就住在我們這個社區，她常常跟不同的男人出入，也不想想自己都已經是四十好幾的女人了，還這麼不檢點……」

她拿著電話，從廚房移到客廳，但被家人嫌吵後，又從客廳的沙發移動到陽台，一講就講了兩個多小時。

當她心滿意足地掛上電話，回頭正要跟先生重新倒帶，把剛剛跟S太太交換的八卦告訴先生。

先生卻冷不防叫她：「垃圾車快來了，快去倒垃圾！」

這種場景不是這一、兩天才有，但今天，她卻像是被澆了一盆冷水。

她心不甘情不願地跟先生說：「你是沒看到我才剛忙完。垃圾你也有份，是不會自己去倒喔？」

先生冷笑了一聲，說：「你八卦個沒完，哪叫忙？成天只會說東道西，當長舌婦，除此之外，你還會做什麼？」這句話，大大刺激到她的敏感神經，她「哼」了一聲，轉身進房。

了解他們夫妻的人都知道，「要她去倒垃圾」，並不是先生的本意，他只是不想看見她樂此不疲，像個街頭大嬸，八卦講不停。只是，當她生了孩子後，身材走樣，也沒外出工作，她跟先生之間沒什麼新鮮的話題，而她最拿手的，莫過於小時候跟著身為里長的爸爸，到處拜訪街坊鄰居，噓寒問暖。除此之外，她沒有其他的能耐。

其實，她也知道先生覺得她的行為很丟臉，甚至是不齒，每次看到她在講電話，都露出不耐煩的表情。

可是這個不耐煩，至少讓她覺得，她不是那麼一無是處，甚至彷彿和父親有一絲連結，雖然她並不能和當年的父親一樣，在社區占有一席之地。

諮商心理師這樣說：

她面對自己中年的生活，其實是感到有些失落的。畢竟在生了孩子後，一切以家庭為重的日子，並沒有辦法滿足她滿身的活力，以及和別人互動的熱情，於是，她唯一令自己自豪的，就是當包打聽，蒐集別人家的「祕辛」，再和別人交換。

反映出人際上的不安

這樣的模式，反映了她在人際上的不安。如果沒有這些祕密交換，那她還剩下什麼？她只覺得自己沒有魅力、經濟又弱勢，以及被現實追著跑的無奈。她覺得這樣過日子，實在太辛苦了。

於是她的防衛心態，讓她發展出一套生存法則，就是她從小見識到父親在鄰里間的「噓寒問暖」。但她顯然是白費力氣了，因為她的作為反倒讓大家都怕她，先生也以她為恥。但**對她來說，無論是再壞的回應，都是有反應，不是嗎？**

她的心態是，將自己都不能接受的那部分投諸在外，讓對應的人感受她的難受和難堪。

例如，甲無法接納自己有囤積東西的習慣，所以甲就一直挑剔其他人有囤積東西的習慣，這是投射。但另一人吸收了甲的嫌棄和挑剔，而很生氣地對甲說：「我就是這樣，你想怎麼樣？」那他就是認同了甲的投射。

投射的人常常會往外丟棄自己內心裡無法接納的垃圾。就像上述案例裡的她一樣，她無法接受自己是「無知的」、「被別人抓到話柄」，於是她緊抓著別人的祕密，到處傳播及放送。

擺脫父母婚姻關係的練習：

在親密關係中，我們要怎麼為自己的投射負責。**投射就是我們將自己不能接**

受的意念，投諸於外的一種行動。當我們嫌棄別人不負責任的時候，其實是不允許自己不負責任。我們將這樣的指責投諸在外，看見另一個不負責任的個體，然後嫌棄它，就像自己不想負責任地唾棄自己一番一樣。

你喜歡過什麼樣的人，某個程度都代表了那個階段的自我投射。

你可以做一個前男／女友列表，透過前男／女友的列表，你會意外地發現自己在每位前男／女友的身上能獲得的感覺不一樣。同時，你也可能會看見不同時期的自己。

步驟一：前男／女友列表：______。

步驟二：挑選其中一個，試試看問以下的問題：

1.你喜歡他帶給你什麼樣的感覺，將你想得到的都寫下來，例如圓融、會做人、懂事理、給你安全感、夠堅強……______。

2.他有這樣的感覺，對應到你的什麼需求？例如，我是一個性子比較直接的人；我不太會做人；我講道理，可以溝通；我不太有安全感；我很弱，容易被欺負，他如果夠強悍，可以保護我等。______。

你有沒有發現，其實會愛對方，某部分也是在圓滿你自己。**你以為他是你的「另一半」，以至於你童年未完成的願望、你十幾年來長成的個性、你的期望，**

都希望能從他身上一併達成。

於是，你將這個希望投注在他身上，將他當成你的「另一半」，以為你們有重疊又不同的特質，想要和他安然地結合成「世界上最匹配的戀人」。

只可惜，**我們誰都沒有所謂的「另一半」。另一半，其實就在你裡面，你的身體裡面，你的心裡面，你的意念裡面。**你沒有發現，其實你就是一個整體。在我們和另一個生命碰撞的過程，我們常會誤以為將自己渴求的投諸於對方，對方就能應許我們的願望，我們可以不用做些改變。但我們都忘記了，改變是掌握在自己手上，對方也許是現階段能夠和你一起學習的楷模，但並不是完成你夢想的阿拉丁神燈。

你必須負責任的回到自己身上，以上述個案為例，在自己身上，你必須「找到什麼時間點要圓融、學會做人、安頓好自己、某個部分也要夠肯定自己」等等，這才是負責任的訂定長遠目標的做法。

同樣的，**若是對方身上有你不喜歡的地方，那其實也是你自己不允許，也看不慣自己變成那樣的地方。**那其實是你的一部分，你不需要無限上綱，但請保持理性溝通和修正的態度，然後再去調整與面對。

戀上一個人，某個部分除了能修復我們童年的傷痛，和建立關係中新的希望及企盼外，更多的是，我們從對方身上看見自己，看見他的個體性。我們允許彼此有連結，但又可以互相獨立，這才是對完滿關係的合理期盼。

三十五、受害者型

家不是兩個人的嗎？為什麼只有我養家？

他們應該去正視與認識自己的傷口。傷口的來源是什麼，是什麼樣的狀況下產生的？

這一對才剛進門的夫妻，先生劈頭第一句話就對我說：「我從來都沒有在自己身上花過什麼錢，她憑什麼什麼都要吃好的？」

尾隨入門的太太，馬上不遑多讓：「我從嫁到你家，也沒存什麼私房錢，錢都花在家裡。我為什麼不能吃好一點？又不是花你的錢。」

「你真是個自私的女人，你看我十幾年來都沒買什麼新衣服，你買了多少？」

「我也只是買衣服啊，其他的，像鞋子、首飾……我有買嗎？」

聽著他們的爭吵，我覺得他們已經把這諮商室當成囚房，除了幫彼此套上手銬、腳鐐，太太還會對先生說：「你看，我有手銬，你有我被銬得緊嗎？」

「欸，我有腳鐐，哪兒都去不成，你那點手銬，算得了什麼。」

如果將他們身上的手銬、腳鐐，換成他們的傷痛，那麼，就會變成以下的對話：

「你爸對你不好，那又不算什麼？我從小沒有爸媽……」

「你沒有爸媽，那又不算什麼，我從小有爸媽，卻被虐待……」

可想而知，他們是這樣對待彼此的傷口。當一方攤開傷口，說：「你看，你看，我這裡受了傷……」另一人就撕開自己的傷口說：「你又沒有傷到重要部位，我的比較嚴重吧！」

於是，受傷的他們，彼此都很難給對方的傷口敷藥、治療，或者說出安慰和照顧的話語，然後彼此因為撕裂傷口，又沒有治療，所以又再受傷一次，兩人完全都逃脫不出這種困境。

諮商心理師這樣說：

我們進入婚姻的時候，是最容易喚起我們在原生家庭裡面傷痛的時候。

婚姻中的掙扎與真實樣貌

記得在一本家族治療的書籍裡寫道：雙方在結婚的時候，如果只問：「你願意包容他、愛他，和他共度下半輩子嗎？」然後等著彼此說「願意」，這其實沒有問到婚姻的核心。

假設是問：「你願意接受他和父母的關係、教養的態度、手足的關係、對於金錢的價值觀、對待小孩的堅持點，在知道這些差異後，仍願意和他溝通、交流、對話，並願意在『為了這個家』的前提下，和你的伴侶取得某種共識嗎？」也許才問到對婚姻承諾的核心，這也是婚姻中的掙扎與真實樣貌。

在婚姻中，我們最容易理想化對方，把對方理想化成我們想要的樣子，因此也是最容易幻滅，並看見彼此的傷痛。

陪伴，讓彼此走出過去原生家庭的傷痛

在《生命中的美好缺憾》的電影裡，有一句台詞是「有人能接納我生命中曾經的心碎，將是我的幸運」。這句話若能在另一半身上實現，也就是在對方的傷口被撕裂的時候，你能靜靜地在旁陪伴，並輕聲詢問：「親愛的，我很抱歉有人在你的生命中這樣傷害你，你想要我怎麼幫你？」這樣的陪伴，才可能讓彼此走出過去原生家庭的傷痛模式。

擺脫父母婚姻關係的練習：

在家庭成員中，你最常扮演什麼角色？

請在二六一頁的方格中寫下來：

對誰，你最容易變成面目可憎的迫害者？

對誰，你最容易變成被害者？

對誰，你又最容易變成拯救者呢？

我們也可以反過來想，我們對那個人怎麼會擁有拯救者的有能感，或被害者

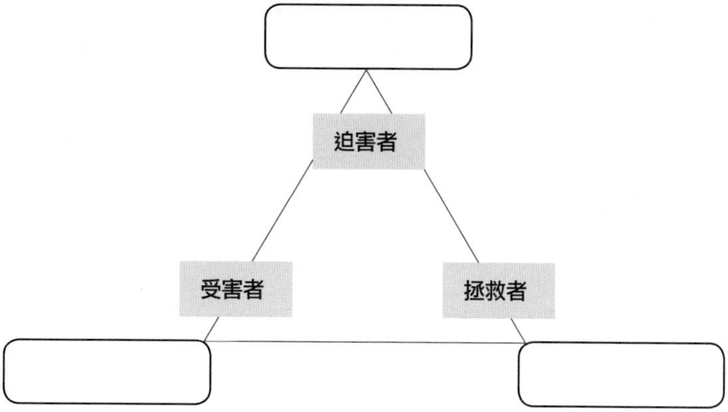

的無奈，和迫害者的面目可憎。

不過，請記得，在你熟悉的角色之外，無論你變成誰，你都有其他角色可以選擇。

你可以是有創意的女兒、有方法的女兒、撒嬌的女兒，而不一定只是擔任救火隊的女兒。

你可以是愛打岔的兒子、健談有趣的兒子，而不只是面目可憎的迫害者。

又或，你可以成為有能的父母、幽默的父母，不一定只是被害者的父母。

所以，請你延展一下對那人的態度，多寫你對待他的姿態。例如，我對媽媽常變成是迫害者，我希望能增加什麼姿態在她的相處上，請在二六二頁的表格填上。

例如：我對媽媽常變成是迫害者，我希望能**增加什麼姿態**在和她的相處上。

例如：（迫害者）有耐性的女兒、有樂趣的女兒、有界線的女兒。

（迫害者）＿＿＿＿＿＿、＿＿＿＿＿＿、＿＿＿＿＿＿

（　　　）＿＿＿＿＿＿、＿＿＿＿＿＿、＿＿＿＿＿＿

（　　　）＿＿＿＿＿＿、＿＿＿＿＿＿、＿＿＿＿＿＿

文中的先生和太太，因為過去的生命經驗，讓他們習慣將自己擺在受害者的角色，但他們應該做的是，去正視與認識自己的傷口。

傷口的來源是什麼，是什麼樣的狀況下產生的，是原生家庭的問題嗎？還是過往傷痛或受挫的生命經驗？

接下來，就能清理傷口，為傷口擦藥。另外，他們也可以坐下來，溝通彼此對婚姻的期待，以及在這份期待下，對方可以如何付出，如何再一次攜手，迎向人生。

【附錄】

關係增進卡精華版

〈附錄一〉
活用「依戀卡」

在每一對愛侶變怨偶之前，其實有段時間是「質變期」，有時候這個質變很緩慢，但有時候卻來得很迅速。

*例一

「愛侶緩慢變怨偶」：你是否有過這樣的經驗呢？莫名的逃避彼此之間的衝突，也許是擔心衝突會造成彼此關係更惡劣，也許是希望不要講出傷害彼此的話。

於是在衝突時，就選擇不理會對方，因此衝突轉變成冷戰，等彼此冷靜後，好像心情和緩一點了，就去吃東西。這樣的方式很多人都會使用，一開始很好用，但如果跳過重要且關鍵的感受，某一天「等彼此冷靜，就去吃東西」這招落空後，才突然發現感覺兩人之間很空虛，沒什麼心理上的交集和親近，然後就變成熟悉的陌生人，兩個人也覺得很孤單……

*例二

「愛侶瞬間變怨偶」：你可曾遇過，對方聽到某件事情，或某個關鍵字突然很不高興，然後一翻兩瞪眼，將你們多年的情誼一筆勾消的經驗？

有時候這種訊息很直接，有時候卻很隱微，於是你會知道永遠不能提這個關鍵字。例如：有些人很忌諱你背地裡說他家人的壞話；有些人則是出軌一次後，後來只要一聽到你提到當時小三的名字就翻臉，然後你就更覺得他心虛，有些人則是因為看到前女（男）友發來簡訊，就讓彼此不愉快到極點，雖然開口要解釋，但好像愈描愈黑，最後反而把伴侶推向前女（男）友的身邊。

無論是「愛侶緩慢變怨偶」或是「愛侶瞬間變怨偶」，當對方的反應很大，或是很在意時，其實都默默啟動對方心裡的一個關鍵開關（俗話說：他的「點」）。這個點可能會引起他的羞愧、恐懼、擔憂、矛盾、無助或更多的負向情緒。為了避免體驗這些感受，他會反應特別大，並防衛地開始針對你……因為針對你，往往比面對自己的傷痛還要容易。但針對你，你也受傷了……關係的惡化就是由此開始的。

說內心話不容易，尤其是針對自己心裡的痛點，或是說自己的需求，在我們一般生活中也少見。在我們的教育中，慢慢地引導彼此說內心話和需要的訓練更少。

每當你跟對方說：「你會在乎我嗎？」對方可能會說：「不要想這麼多，好好過日子。」而跳過這個問題，但這卻是你最深切的需求，這在伴侶間更是重要，因為伴侶彼此間的安撫和照顧是安全感的來源。

所以，「依戀卡」和「願意卡」的珍貴就在此，如果你願意，請伸出你的手，讓我們一起為彼此的親密關係加溫吧。

＊**步驟一**：放輕鬆，深呼吸，貼著自己的心，想一個自己在親密關係中的困境。

＊**步驟二**：想像在其中的自己，困住的情緒有哪些。

＊**步驟三**：將這些情緒寫下來。想想在這個情境中，你心裡最深層的擔心和害怕是什麼。

例如：三十五歲的小米，從生孩子以後，她和先生之間幾乎就沒有兩人世界，兩個人都大嘆著「回不去了！」而小米懷第二胎時由於孕吐很嚴重，先生也正面臨轉職，所以對小米來說已是雙重壓力，再加上第一個孩子還不足兩歲，帶起來很累，小米心裡充滿忙碌與無助。

＊**步驟一**：小米想到目前和先生面臨的困境。

＊**步驟二**：這些情緒包含憂慮、感傷、焦慮、無助、害怕、自責、傷心，甚至是孤單。

＊**步驟三**：其實在小米的內心裡，她真正難受的是說不出來的深層需求，也就是「當我難受時，你會在乎我嗎？」「即便我不舒服時，你會持續對我好嗎？」「我知道你忙，但你會因為忙到不可開交而數落我現在的任性嗎？」（邀請小米挑出她所需要的以下的卡片，並讓小米能夠穿越負面情緒的阻撓，找到深層的需求和對丈夫核心的倚賴及愛。）

＊**步驟四**：找機會和丈夫溝通這三步驟以來，自己的所思所想，讓彼此有機會更靠近。

（請沿虛線剪下依戀卡）

你會嘲笑我嗎？

你會放棄我嗎？

你會在乎我嗎？

你會介意我的缺點嗎？

你會相信我嗎？

你會持續對我好嗎？

（請沿虛線剪下依戀卡）

你會數落我嗎？

你會傷害我嗎？

你會尊重我嗎？

你會勉強我嗎？

你會看不起我嗎？

你會珍惜我嗎？

（請沿虛線剪下依戀卡）

你會認為我是有價值的嗎？

你會安撫我嗎？

你會哄我嗎？

你會接受我嗎？

你會擁抱我嗎？

你會愛護我嗎？

〈附錄二〉
活用「願意卡」

依戀卡和願意卡可合併使用，使用完依戀卡後，再遞出願意卡，更能讓彼此的愛意流動。

在心理學上，伴侶之愛是需要有回應和被安撫，才能夠真正被滿足的。但是，我們往往在愛裡，忘記尊重、忘記先問問彼此的意願，也忘記我們有時候其實並不了解彼此真正的心情，就開始要求對方。

所以，第一步是如何拾回彼此的尊重，第二步才能拾回對彼此的欣賞和喜歡。

願意卡中，有二十個願意語句，五張空白卡，供你填寫自己心中默默的願望，等待伴侶的回應。每一句語句都是從「你願意……」做開頭，目的在於伴侶間往往是從願意開始，開始照顧彼此的需求、開始看見對方的渴望，所以「願意」是我們把心打開的一個入口。

當你開口詢問對方，例如「你願意為我多擔待一點嗎？」時，這份邀請並非以權力不平等的低姿態去跟對方乞求，而是有三個效果：

1. 因為你的態度慢下來，愛意和善意就能從中間擴散，對方就容易感受到這些。
2. 當你更能將自己的心情和願望表露清楚，才是真正公平的互相表達，不至於因為表達不清楚而吃悶虧。
3. 卡片是另外一個使用的方式，就像是小紙條的書寫，透過卡片為媒介，可以比當面表露還要清晰及明確，減低「看到對方就說不出來」或「看到對方就有氣」，這樣的鬱悶和不愉快的心情。

然後，等待對方把心打開承接，等待對方要給予多少保證和安撫的回應。所以，使用「依戀卡」後搭配「願意卡」，則會使你更能貼近對方一些。

以小米的例子而言，延續步驟三和步驟四：

＊步驟三：其實在小米內心難受的是說不出來的深層需求，「當我難受時，你會在乎

我嗎？」「即便我不舒服時，你會持續對我好嗎？」「我知道你忙，但你會因為忙到不可開交而數落我現在的任性嗎？」

（邀請小米挑出以下卡片，並讓小米能夠穿越負面情緒的阻撓，找到深層的需求和對丈夫核心的倚賴及愛。）

＊**步驟四**：找機會和丈夫溝通這三步驟以來，自己的所思所想，讓彼此有機會更靠近。

＊步驟四的意義在於：和丈夫溝通後，讓小米的心思「攤開來」，說得更清楚，更清晰！

＊**步驟五**：【搭配願意卡的使用】。

接下來這個步驟是讓小米挑選願意卡，也許小米會挑「你願意在我不舒服的時候，仍然分擔我的難受恐懼嗎？」「你願意包容我偶爾的自私嗎？」「你願意在此時仍緊緊擁抱我嗎？」「你願意當我一輩子的依賴嗎？」

（通常協助小米能講到這些願意時，其實也是在幫助他一起走一段關係的冒險，因為說這些話是需要冒險的，對方可能能夠給予這些保證，但成分沒有這麼多，但是可以討論在兩人之間，什麼時間是比較能夠給予滿足感的……讓彼此建立默契。）

＊**步驟六**：協助另一方也挑選卡片，說說自己的在乎（依戀卡）和期待（願意卡），並溝通出彼此默契的方式，度過這段時期。

（請沿虛線剪下願意卡）

你願意信賴我嗎？

你願意支持我嗎？

你願意珍惜我嗎？

你願意即使吵架，
也相信我們終究會和好嗎？

你願意在我不安的時候，
還待在我身邊嗎？

你願意把我的需求
當作最重要的嗎？

（請沿虛線剪下願意卡）

你願意包容我的任性嗎？

你願意分擔我的心事嗎？

你願意聆聽我，
分享最深的感受嗎？

你願意在此時，
輕輕地牽起我的手嗎？

你願意無條件陪伴我嗎？

你願意讓我依靠嗎？

（請沿虛線剪下願意卡）

你願意在此時，
默默支持我嗎？

你願意在此時，
耐心聆聽我嗎？

你願意在此時，
將我擁入懷中嗎？

你願意陪伴我嗎？

你願意理解我嗎？

你願意聽懂我嗎？

國家圖書館預行編目資料

從此，不再複製父母婚姻：35種練習，揮別婚姻地雷，找回幸福／黃之盈著. --初版. --臺北市：寶瓶文化, 2016. 06
面；　公分. --（vision；135）
ISBN 978-986-406-059-7（平裝）
1. 婚姻 2. 兩性關係
544.3　　105010221

寶瓶 AQUARIUS

vision 135

從此，不再複製父母婚姻——35種練習，揮別婚姻地雷，找回幸福

作者／黃之盈 諮商心理師
主編／張純玲

發行人／張寶琴
社長兼總編輯／朱亞君
副總編輯／張純玲
資深編輯／丁慧瑋　編輯／林婕伃
美術主編／林慧雯
校對／張純玲・劉素芬・陳佩伶・黃之盈
營銷部主任／林歆婕　業務專員／林裕翔　企劃專員／李祉萱
財務主任／歐素琪
出版者／寶瓶文化事業股份有限公司
地址／台北市110信義區基隆路一段180號8樓
電話／(02) 27494988　傳真／(02) 27495072
郵政劃撥／19446403　寶瓶文化事業股份有限公司
印刷廠／世和印製企業有限公司
總經銷／大和書報圖書股份有限公司　電話／(02) 89902588
地址／新北市新莊區五工五路2號　傳真／(02) 22997900
E-mail／aquarius@udngroup.com
版權所有・翻印必究
法律顧問／理律法律事務所陳長文律師、蔣大中律師
如有破損或裝訂錯誤，請寄回本公司更換
著作完成日期／二〇一六年三月
初版一刷日期／二〇一六年六月二十八日
初版六刷+日期／二〇二二年四月二十九日
ISBN／978-986-406-059-7
定價／三三〇元
Copyright©2016 by HUANG, CHIH-YIN
Published by Aquarius Publishing Co., Ltd.
All Rights Reserved
Printed in Taiwan.

AQUARIUS 寶瓶文化事業

愛書人卡

感謝您熱心的為我們填寫，
對您的意見，我們會認真的加以參考，
希望寶瓶文化推出的每一本書，都能得到您的肯定與永遠的支持。

系列：Vision 135　書名：從此，不再複製父母婚姻——35種練習，揮別婚姻地雷，找回幸福

1. 姓名：＿＿＿＿＿＿　性別：□男　□女

2. 生日：＿＿年＿＿月＿＿日

3. 教育程度：□大學以上　□大學　□專科　□高中、高職　□高中職以下

4. 職業：＿＿＿＿＿＿

5. 聯絡地址：＿＿＿＿＿＿＿＿＿＿＿＿

　聯絡電話：＿＿＿＿＿＿　手機：＿＿＿＿＿＿

6. E-mail信箱：＿＿＿＿＿＿＿＿＿＿

　□同意　□不同意　免費獲得寶瓶文化叢書訊息

7. 購買日期：＿＿ 年 ＿＿ 月 ＿＿日

8. 您得知本書的管道：□報紙／雜誌　□電視／電台　□親友介紹　□逛書店　□網路　□傳單／海報　□廣告　□其他

9. 您在哪裡買到本書：□書店，店名＿＿＿＿　□劃撥　□現場活動　□贈書　□網路購書，網站名稱：＿＿＿＿＿　□其他＿＿＿＿

10. 對本書的建議：（請填代號　1. 滿意　2. 尚可　3. 再改進，請提供意見）

　內容：＿＿＿＿＿＿＿＿

　封面：＿＿＿＿＿＿＿＿

　編排：＿＿＿＿＿＿＿＿

　其他：＿＿＿＿＿＿＿＿

　綜合意見：＿＿＿＿＿＿＿＿＿＿＿＿＿＿

11. 希望我們未來出版哪一類的書籍：＿＿＿＿＿＿＿＿＿＿

讓文字與書寫的聲音大鳴大放

寶瓶文化事業股份有限公司

（請沿此虛線剪下）

廣 告 回 函
北區郵政管理局登記
證北台字15345號
免貼郵票

寶瓶文化事業股份有限公司收

110台北市信義區基隆路一段180號8樓

8F,180 KEELUNG RD.,SEC.1,

TAIPEI.(110)TAIWAN R.O.C.

（請沿虛線對折後寄回，或傳真至02-27495072。謝謝）